FRAGMENTOS SOBRE A HISTÓRIA DA FILOSOFIA

FRAGMENTOS SOBRE A HISTÓRIA DA FILOSOFIA

precedido de
ESBOÇO DE UMA HISTÓRIA DA
DOUTRINA DO IDEAL E DO REAL

Arthur Schopenhauer

Tradução
KARINA JANNINI

Prefácio
JAIR BARBOZA

SÃO PAULO 2007

Título dos originais alemães: *SKITZE EINER GESCHICHTE DER LEHRE VOM IDEALEN UND REALEN* e *FRAGMENTE ZUR GESCHICHTE DER PHILOSOPHIE*.
Copyright © 2007, Livraria Martins Fontes Editora Ltda.,
São Paulo, para a presente edição.

1ª edição 2007

Tradução
KARINA JANNINI

Tradução das citações gregas e latinas
Juvenal Savian Filho
Acompanhamento editorial
Maria Fernanda Alvares
Revisões gráficas
Ana Maria de O. M. Barbosa
Andréa Stahel M. da Silva
Dinarte Zorzanelli da Silva
Produção gráfica
Geraldo Alves
Paginação/Fotolitos
Studio 3 Desenvolvimento Editorial

Dados Internacionais de Catalogação na Publicação (CIP)
(Câmara Brasileira do Livro, SP, Brasil)

Schopenhauer, Arthur, 1788-1860.
   Fragmentos sobre a história da filosofia ; precedido de Esboço de uma história da doutrina do ideal e do real / Arthur Schopenhauer ; tradução Karina Jannini ; prefácio Jair Barboza. – São Paulo : WMF Martins Fontes, 2007. – (Obras de Schopenhauer)

   Títulos originais: Skitze einer Geschichte der Lehre vom Idealen und Realen ; Fragmente zur Geschichte der Philosophie
   Bibliografia
   ISBN 978-85-60156-52-8

   1. Filosofia – História 2. Filosofia alemã I. Barboza, Jair. II. Título. III. Série.

07-5306   CDD-193

Índices para catálogo sistemático:
1. Filosofia alemã   193
2. Schopenhauer : Obras filosóficas   193

Todos os direitos desta edição reservados à
Livraria Martins Fontes Editora Ltda.
Rua Conselheiro Ramalho, 330 01325-000 São Paulo SP Brasil
Tel. (11) 3241.3677 Fax (11) 3101.1042
e-mail: info@martinsfontes.com.br   http://www.wmfmartinsfontes.com.br

Índice

Prefácio... VII
Cronologia.. XXVII

Esboço de uma história da doutrina do ideal e do real.. 1
Fragmentos sobre a história da filosofia................... 43

Prefácio
História da filosofia não é filosofia

I

Os dois textos aqui reunidos, "Esboço de uma história da doutrina do ideal e do real" e "Fragmentos sobre a história da filosofia" (que dá título ao livro), fazem parte da obra tardia de Schopenhauer *Parerga e paralipomena*, publicada em dois tomos no ano de 1851. Haviam-se passado cerca de trinta e três anos desde a publicação e malogro de sua obra máxima *O mundo como vontade e como representação*, de 1818. Foram justamente os *Parerga e paralipomena* (que se poderia traduzir aproximadamente por "ornatos e complementos") que tornaram famoso o filósofo, sobretudo devido ao ali presente "Aforismos para a sabedoria de vida"[1]. Os trinta e três anos de seu ostracismo da cena filosófica consagrada se deve, em parte, ao azar de seu pensamento ter vindo a

---
1. Cf. *Aforismos para a sabedoria de vida*. Trad. de Jair Barboza. São Paulo: Martins Fontes, 2ª ed., 2006.

lume no meio do chamado idealismo alemão, das grandes construções sistemáticas de Fichte, Schelling e Hegel, dominantes então, em relação às quais Schopenhauer guardava uma enorme distância referente ao que indica como o ponto de partida da própria filosofia, a intuição (estética), e não o conceito. Schopenhauer se recusava ao mesmo tempo a reconhecer na razão o poder de apreensão do sentido da vida e da existência. Isso o tornava uma *avis rara* em meio aos idealistas. Na realidade, Schopenhauer representa uma viragem na tradição filosófica. Se antes a razão definia o homem, e a vontade era secundária, no autor de *O mundo* o que define o homem é o querer, e a razão é secundária. Esse querer, irracional, é o próprio mau radical, pois sem parar coloca desejos às criaturas, nunca totalmente satisfeitos. A vida em geral é uma constante procura por passageiros objetos de prazer, que antes de serem alcançados provocam variados graus de sofrimento. O íntimo dos seres, nessa perspectiva, é carência. Só a negação da vontade traria paz e repouso. Mas isso é uma tarefa quase impossível para o homem comum, escravo dos desejos, ficando sua consecução reservada aos santos. Quanto à história do gênero humano, ela não consegue conduzir o homem a um bem futuro, pois temporalmente não é possível alterar algo que é a essência atemporal do mundo.

Ora, os dois presentes textos se inserem nessa viragem efetuada na obra máxima de Schopenhauer, que aponta um princípio do mundo volitivo e irracional, algo que diverge radicalmente da tradição ocidental de pensamento. Ao escrever os seus fragmentos de história da filosofia, o autor, nesse horizonte, passa em revista aquelas que considera as mais relevantes filosofias, para ao fim, olhando o próprio sistema, apontar o que julga ser sua novidade.

II

Schopenhauer não se cansa de afirmar que é o autêntico herdeiro de Kant. Nesse sentido, constrói uma obra atravessada pela clássica distinção entre coisa-em-si e fenômeno, estabelecida na *Crítica da razão pura*, na qual o fenômeno é formado na *sensibilidade*, a partir de dados fornecidos do exterior, e em seguida é pensado pelo *entendimento*. A novidade kantiana é que o espaço e o tempo não são objetivos, não têm realidade independente do sujeito, mas são as formas puras *a priori* da sensibilidade. Não estamos no espaço e no tempo, mas estes estão em nós, permitindo formar, situar neles os objetos, mediante sensações fornecidas de fora. Por isso é possível uma natureza fenomênica, que não passa de uma ligadura de fenômenos efetuada por leis que o próprio sujeito lhes confere. Assim, o cientista não vai à natureza na condição de aluno para ser por ela instruído, mas na de juiz que exige resposta às suas questões. A experiência apenas confirma o que se esperava. Kant não pensa o sujeito a girar em torno dos objetos, mas estes é que doravante giram em torno do sujeito. Mudança, pois, de perspectiva, cuja envergadura seria semelhante à operada por Copérnico com o seu sistema heliocêntrico. Explica-se, desse jeito, por que previsões científicas podem ser feitas e confirmadas: é que o espaço e o tempo estão no sujeito, e, desta forma, pode-se antecipar o que depois a experiência confirmará.

Se é certo que conheço os fenômenos, não conheço todavia o em-si deles. Conheço apenas o modo como eles aparecem em minha sensibilidade, e depois são pensados pelo entendimento. O conhecimento que tenho dos objetos é ideal, feito pelas formas da sensibilidade, nunca real, da coisa-em-si. Kant, em verdade, discorre indiretamente sobre a finitude cognitiva da mente, limitada que é ao tempo, a um mundo de sombras, sem acesso à luminosa eternidade (cf. Platão). É negado o conhecimento de Deus, do mundo como totalidade, da alma, da própria liberdade (já que tudo no tempo e no espaço está submetido a uma rigorosa necessidade causal). A metafísica dogmática anterior é sentenciada à morte. Não existe ciência do supra-sensível, daquilo que está para além da experiência. Não existe positividade dos objetos da religião e da teologia. Eis por que Mendelssohn apelidou Kant de "demole-tudo" da metafísica ocidental, e Heine, em sintonia, o chamou de "o grande destruidor no reino do pensamento".

Consciente de sua posição pós-kantiana, por conseguinte pós-denúncia das ilusões da razão, Schopenhauer conserva a distinção crítica entre coisa-em-si e fenômeno, porém agora o fenômeno é dito representação submetida ao princípio de razão do entendimento – espaço, tempo e causalidade – e a coisa-em-si é a Vontade, comum a todos os corpos da natureza. O mundo é Vontade e representação. A novidade reside no fato de o em-si volitivo ser dado imediatamente no próprio corpo do investigador, em sua autoconsciência, depois sendo estendido analogicamente ao restante da natureza, ou seja, há uma Vontade cósmica que se manifesta em mundo, seu espelho, via espécies inorgânicas e orgânicas. O em-si não é um "x" totalmente desconhecido, um limite negativo para a experiência fenomênica, como no kantismo, mas de certa maneira chegamos bem próximos dele quando o sentimos intimamente em nosso corpo. Entre nós e ele há, na subjetividade, apenas o tempo, ao contrário dos fenômenos exteriores, dados também no espaço em submissão a causas e efeitos.

Ter concebido o em-si volitivo como primário à natureza, e a razão como secundária, constitui portanto a grande viragem filosófica efetuada por Schopenhauer. O conhecimento racional é mero "instrumento" do querer, em vista da sobrevivência de um organismo complexo como o humano. Porém, anteriormente, há o querer originário, inconsciente, que se manifesta em mundo e gradativamente adquire consciência de si.

> O homem se CONHECE, portanto, em conformidade à índole de sua vontade, em vez de, segundo a antiga visão,

QUERER em conseqüência e em conformidade ao seu conhecer. [...] Eu digo que o homem é sua própria obra antes de todo conhecimento, e este é meramente adicionado para iluminá-la. Daí não poder decidir ser isto ou aquilo, nem tornar-se outrem, mas É de uma vez por todas, e sucessivamente conhece o QUÊ é. Pela citada tradição, ele QUER o que conhece; em mim ele CONHECE o que quer.[2]

O em-si volitivo do mundo, conhecido *a posteriori* como atos e ações do corpo enraizado na experiência, em conseqüência uma natureza última que nela mesma não é iluminada pela razão, é precisamente o *real*. Por sua vez, a representação dos fenômenos no espaço e no tempo, ou seja, a percepção de uma realidade empírica externa e interna é o *ideal*, visto que sempre precisam de uma forma de conhecimento, isto é, do princípio de razão ativo enquanto cérebro, que torna os dados sensórios uma natureza fenomênica, a qual não passa de um "fazer-efeito" do sujeito, podendo-se por isso denominá-la "efetividade". Assim, o ideal e o real são, respectivamente, em Schopenhauer, remetidos ao par kantiano fenômeno e coisa-em-si. Têm-se dois domínios em gênero inteiro diferentes, um criado no sujeito, outro independente dele e que é a sua base. É o seu modo de ser pós-kantiano, crítico, não dogmático, pois refere o conhecimento possível à experiência, sem torná-lo absoluto, gerado num além-mundo habitado por Deus.

2. Schopenhauer, A. *O mundo como vontade e como representação*. Trad. Jair Barboza. São Paulo: Unesp, 2005, p. 379.

Nesse ponto Schopenhauer realça a sua divergência com os idealistas Fichte, Schelling e Hegel, que, embora pós-kantianos, pós-crítica da razão pura, abolem a distinção entre coisa-em-si e fenômeno. No caso de Fichte e Schelling há a chamada "intuição intelectual", que dá acesso ao absoluto. Este, o infinito mesmo, se dá no saber, incondicionalmente. Toda coisa é condicionada, isto é, determinada pelo conhecimento, conseqüentemente precisa ser percebida, logo, não pode ser em-si, independente da consciência. O incondicionado e real só pode ser procurado num saber que gera a si mesmo e este saber é o da intuição intelectual, o eu sendo sujeito e objeto para si, num saber em que conhecedor e conhecido se dão ao mesmo tempo, numa experiência que Schelling aproxima do "êxtase" místico. É o momento originário, o ponto de partida para conhecimento de tudo o mais, portanto condição do mundo. Tudo o que tem realidade só a tem para o conhecimento. Noutros termos, *ideal e real são uma coisa só*. Nasce a filosofia da identidade de Schelling, devedora de Fichte, que também em princípio não admitia nada para além da consciência, e deduz o mundo, o não-eu, de um processo de saber no eu, na consciência.

Contra tal postura Schopenhauer escreve o "Esboço de uma história da doutrina do ideal e do real". O "história" consta do título porque o texto passa em revista os antecedentes clássicos, e o "esboço", devido à brevidade das páginas. A polêmica do autor faz um ajuste de contas e uma denúncia do procedimento filosófico-acadêmico dos idealistas, "professores de filosofia", que ainda teriam ignorado o simples fato de que a autenticidade de uma visão de mundo nasce do contato com o mundo. As intuições empíricas não são redutíveis a conceitos. Tentar dizer o que o mundo é passa necessariamente por experimentar, saborear o mundo. Não é à toa, diga-se em português, que "saber" tem a ver com "ter gosto, ter sabor". E Kant alertava que o "juízo de gosto", atividade mental de apreciação dos objetos, é a chave para se compreender pré-reflexivamente a natureza incondicionada, infinita deles. Há algo primário na composição do conhecimento dos objetos, portanto de sua expressão em conceitos filosóficos, que não é pensamento mas matéria do pensamento. No caso do conhecimento objetivo da natureza, esse algo é precisamente a intuição empírica. E, para além desta, há algo irredutível ao saber, a coisa-em-si.

Schopenhauer alerta, dessa forma, no solo do idealismo alemão, que semelhantes filosofias são excessivamente abstratas, conceituais, dependentes de erudição lógica e livresca, o que confere a boa parte das páginas delas uma atmosfera vazia. O filósofo diz de Hegel, pensando no idealismo moderno em geral:

> [O] PENSAMENTO em si e no sentido próprio, portanto os CONCEITOS, é identificado com a essência em si das coisas. Por conseguinte, o concebido *in abstrato*, como tal e de modo imediato, deveria ser idêntico ao que existe objetivamente em si mesmo e, assim, a lógica também deveria ser, ao mesmo tempo, a verdadeira metafísica. Destarte, precisaríamos

apenas pensar ou nos deixar dominar pelos conceitos, a fim de saber absolutamente como o mundo lá fora é feito. Em conformidade com isso, tudo o que passa pela cabeça seria imediatamente verdadeiro e real. De resto, como o lema dos filosofastros desse período era "quanto mais louco, melhor", esse absurdo foi apoiado por outro, o de que não somos nós a pensar, mas sim os conceitos, que, sozinhos e sem nossa intervenção, realizam o processo de pensamento, por isso chamado de automovimento dialético do conceito e que, então, deveria ser uma revelação de todas as coisas *in et extra naturam* [na natureza e fora dela].[3]

Dizer "o que passa pela cabeça seria imediatamente verdadeiro e real" é uma referência à filosofia da identidade de Schelling, na qual o ideal é o real. É preciso denunciar aí a perda de peso da intuição empírica. Isso conduziria a uma recaída no dogmatismo transcendente, o que equivale a dar um passo atrás em relação a Kant. Em Schopenhauer, pensar é simplesmente *refletir, tornar reflexo* o que a intuição nos deu. O mundo da reflexão é como o da lua, que empresta luz de outra fonte. E nisso se tem um tributo à filosofia empirista dos britânicos, notadamente Locke e Hume. Os pensamentos não passam da combinação de outros que tiveram sua origem na experiência. Empirismo que foi antes decisivo para Kant, ao observar que "todo conhecimento começa pela experiência", embora, corrigindo os britânicos, "nem todo

---

3. Ver *infra*, pp. 40-1.

ele deriva da experiência". De modo que é um absurdo, prossegue Schopenhauer, achar que os conceitos, algo ideal, "sozinhos e sem nossa intervenção, realizam o processo de pensamento".

Como se vê, o esboço de uma doutrina sobre o ideal e o real é um libelo contra os idealistas. Abre-se ali um abismo que abrange também a concepção da relevância de uma história da filosofia, pois semelhante domínio é o da história dos conceitos, que em sua idealidade não são decisivos para uma visão reveladora do mundo, embora sem dúvida possam contribuir para ela, se tomados como momentos de um diálogo não subserviente com a tradição, o qual não pode esquecer a matéria bruta do real e essencial do mundo que pulsa sob a sensibilidade.

III

O estudo da história da filosofia pode, nos "Fragmentos sobre a história da filosofia", até ser louvável, mas só se reduzido a alguns capítulos relevantes das principais obras dos grandes filósofos. Dar muita atenção à história da filosofia em manuais significa, no fundo, pensar com os outros e não por conta própria; é como querer que outrem "mastigue nossa comida". A mente se vicia em leituras alheias e perde parte de sua autonomia. Isso não significa recusar a leitura dos clássicos. O problema é ler, estudar e escrever histórias da filosofia como se estas fossem a condição imprescindível do filosofar, a própria filosofia. O essencial das doutrinas filosóficas pode ser apreendido de uma seleção de textos com "importantes passagens dos principais capítulos de todos os filósofos célebres, compilados em ordem cronológico-pragmática, feita por uma comunidade consciente de eruditos honestos e inteligentes"[4]. Comunidade que evitaria a parcialidade de uma única cabeça, já comprometida com uma doutrina consagrada, o que afetaria por idiossincrasias a compreensão da filosofia legada pelos clássicos.

Schopenhauer, portanto, para ser coerente, só pode escrever uma história da filosofia em "fragmentos", em breves aforismos (nisso os "fragmentos" do título equivalem ao "esboço" do primeiro texto), cuja temática leva o nome de um filósofo ou de uma escola, selecionados tendo em vista um quadro de sombra e luz do pensamento, vale dizer, de afinidades e divergências marcantes com sua própria cosmovisão, estabelecida em *O mundo*. Nas entrelinhas o leitor pode reconhecer isso, já que o peso das discussões dos "Fragmentos" recai em autores que trataram a oposição *fenômeno e númeno* (Pré-socráticos), *ideal e real* (Platão, Neoplatônicos), *fenômeno e coisa-em-si* (Locke e Kant) – aquilo que na linguagem de Schopenhauer será *representação e Vontade* –, para mostrar, ao fim, que o primário na natureza é a Vontade irracional cega e inconsciente e não a representação sub-

---

4. Ver *infra*, § 1, pp. 46-7.

metida ao princípio de razão, por extensão, não a faculdade racional que trabalha com conceitos.

Uma pergunta que se pode fazer é, em se tratando daquela comunidade que compilará os textos mais importantes, o que nos convenceria a aceitá-la? Não nos entregaríamos ao peso da autoridade que monta a palheta dos autores célebres? Autoridade que o historiador da filosofia arvora-se em particular? São questões que Schopenhauer não aborda diretamente nos textos aqui reunidos. Questões de difícil resposta, pois é imponderável o que dá vida e mantém vivo os sistemas de filosofia. Schopenhauer inclusive demorou a ver o seu pensamento reconhecido. Em todo caso, a principal lição que se pode extrair dessa sua aversão a uma história da filosofia em manuais é a de que não nos tornamos filósofos por via da erudição, nem da impossível leitura completa dos sistemas de pensamento, mas há, concomitantemente às leituras, a necessidade do contato direto com o mundo. A par disso, escolhem-se as filosofias que nos são afins. Em tais moldes germina o "pensador autônomo", que assimila, da leitura de outros filósofos com quem tem afinidade, matéria para ruminação. Desse modo, com suas próprias intuições, fornece um pensamento que, ao mesmo tempo que é original, como os sucos produzidos pela ingestão de alimentos, deve algo à tradição, como o suco deve à matéria orgânica ingerida. Fichte tem uma bela frase que ilustra o aqui dito: "A filosofia que se escolhe depende do tipo de pessoa que se é." Ou seja, os "Fragmentos" nos fazem pensar sobre a angústia de ser filósofo em meio a tanta coisa já dita, a angústia do que escolher.

Schopenhauer opta por uma exposição fragmentada e aforismática pois, de um lado, a pesada lógica sistemática não dá conta do mundo e, de outro, a grande erudição de um pensador não é a prova de que foi assaltado pela consciência absoluta. Mesmo em sua obra principal, *O mundo*, os capítulos são curtos, isto é, guardam na maioria das vezes a extensão de um fragmento ou aforismo. Trata-se também nisso de um acerto de contas com os idealistas, sobretudo Hegel, que com sua volumosa *História da filosofia* em três volumes pretende abarcar toda a história da consciência, ou seja, expor, numa idéia tomada de Schelling, o passado transcendental do absoluto, ou infinito, incondicionado. Para Hegel a verdade é o todo e este é o ser em seu desenvolvimento, plenamente realizado ao fim de um processo histórico.

> O verdadeiro é o todo. O todo entretanto é tão-somente o ser que se realiza através de seu desenvolvimento. Pode-se dizer do absoluto que ele é essencialmente *resultado*; que apenas no *fim* se encontra aquilo que ele em verdade é. Justamente nisso reside a sua natureza, ser realidade, ser sujeito ou tornar-se a si mesmo.[5]

Daí a volumosa história da filosofia hegeliana ser ao mesmo tempo filosofia da história. A história exibe a

---

5. Hegel, G. W. F. *Phänomenologie des Geistes*. Hamburgo: Meiner, 1988, p. 15 (prefácio).

objetividade do espírito absoluto, os grandes nomes dela são seu instrumento; as filosofias são momentos do todo, e, ao fim, como resultado, tem-se o todo apreendido em sua verdade. Por conseguinte, ser filósofo é perfazer os momentos do espírito, do absoluto em devir, num filosofar a partir do próprio ponto de vista do absoluto.

Percebe-se assim a justificativa plena de uma história da filosofia que fez escola. Tornou-se comum escrever histórias da filosofia, como se nelas estivesse contida a verdade dos sistemas. O estudante de manuais de filosofia, que se debruça sobre eles no anseio de apreender aquela verdade, está, talvez sem o saber, sob longeva influência hegeliana. Mas é preciso lembrar que um Platão, um Kant, um Hume, um Descartes, até mesmo Schopenhauer não escreveram histórias da filosofia, não sentiram a necessidade, para dar provas de sua profundidade e solidez de pensamento, de passar em revista toda a obra de todos os pensadores relevantes anteriores. Kant, e mais recentemente Nietzsche, nem eruditos eram.

É portanto contra a tese hegeliana que Schopenhauer se rebela. Não se pode falar em desenvolvimento do espírito, muito menos em sistemas de pensamento que o ilustrariam. Quer dizer, o todo não estaria no fim, realizando a sua verdade, pois, no autor de *O mundo*, o tempo não traz nada de novo, é apenas a imagem fugidia da eternidade, como o definia Platão. O tempo revela a natureza da coisa-em-si na forma de fenômenos, mas não ela mesma. Os fenômenos são transitórios, enquanto a verdade é eterna, reside nas Idéias, nos arquétipos de uma Vontade cósmica, coisa-em-si atemporal. O tempo traz apenas o inessencial, o ilusório, o passageiro, a manifestação da Vontade. A verdade está no *início*, na essência volitiva e irracional do mundo, sentida no próprio corpo do investigador e visível nos seus "atos originários", as Idéias ou arquétipos da natureza, as quais são passíveis de uma exposição artística ou filosófica. Aristóteles já dizia em sua *Poética* que a mímesis artística revela a natureza possível da *phýsis*, dos objetos, que depois a natureza real pode efetivar. Com o que a poesia é mais verdadeira que a história, pois esta lida com o particular enquanto aquela lida com o universal e assim antecipa o que a outra depois dirá. A vida imita a arte, poder-se-ia dizer.

O contraponto aqui, pois, é o de que intuir o mundo é mais importante que ler sobre o mundo. Filosofias a partir de leituras, de livros, além de áridas, perdem-se na abstração que evapora a experiência concreta e ruminada das coisas. Uma boa filosofia deve, por conseqüência, procurar a interação entre de um lado ver, intuir, e de outro ler seletamente, dialogar com a tradição, como se nesta tivéssemos personagens de uma conversa animada, não o movimento evolutivo da verdade. Obviamente que Schopenhauer achava que seu pensamento era a revelação do verdadeiro, logo, o diálogo filosófico teria de confluir para o que ele disse, como os diálogos de Sócrates com seus discípulos, invariavelmente, confluem para a concordância de todos com Sócrates. Em todo caso, fica a indicação de uma vivência da filosofia numa espécie de banquete teórico entre convidados, visto que não há como fugir da própria constelação seleta de autores, escolhidos por afinidade. Como no caso das estrelas do céu, em filosofia, pode-se dizer, a estrela pessoal é tanto mais bonita quando vislumbrada numa constelação. "Almas afins já de longe se saúdam", é uma frase atribuída a Empédocles, segundo Schopenhauer. A frase de Fichte antes citada, de que escolhemos um autor conforme o tipo de pessoa que somos, diz no fundo a mesma coisa. A filosofia, conseqüentemente, não precisa ser acadêmica, sisuda, juíza do tribunal do saber.

A verdade filosófica, em síntese, não depende do tempo, nem está no fim da história, pois pode muito bem estar no começo, como na doutrina platônica das Idéias, que Schopenhauer interpreta como espécies da natureza. Por outro lado, quando o filósofo faz a sua revista de autores célebres – pré-socráticos, Platão, Aristóteles, estóicos, neoplatônicos, gnósticos, Escoto Erigena, escolástica, Bacon de Verulam, filosofia moderna (Descartes, Malebranche, Espinosa, Locke, Hume, Leibniz), Kant, idealistas alemães (Fichte, Schelling e Hegel) e a própria filosofia –, é, em linhas gerais, tendo em vista uma discussão que deságua, da distinção antiga entre fenômeno e número, na sua própria discussão com Kant sobre a distinção entre coisa-em-si tornada Vontade e o fenômeno tornado representação submetida ao princípio de razão. Portanto, uma seleção que, na afinidade e na divergência, procura demarcar a novidade de seu pensamento.

Cabe destacar o final do último capítulo dos "Fragmentos", quando é elogiada a clareza em filosofia, o que significa, por contraste, criticar a obscuridade estilística nela, que antes esconde falta de pensamento em vez de profundidade. "Praticamente não há sistema filosófico tão simples e composto de tão poucos elementos como o meu. Por isso, ele pode ser facilmente visto e compreendido com um só olhar."[6] O verdadeiro se encontra naquilo que é simples, claro, independente de encaracoladas deduções lógicas. Com isso, seu sistema presta mais uma vez tributo aos empiristas britânicos, que deixavam de lado a investigação lógico-racional da origem do mundo e se concentravam no que este mundo mesmo tem a dizer, sem desprezar os sentidos, pois tudo o que sabemos passa por eles. O mundo portanto não é deduzido de uma causa superior inteligível.

IV

Ora, foi nessa atmosfera filosófica, em que para Hegel "o ser é pensamento" e para Schelling "o ideal é real",

---

6. Ver *infra*, § 14, p. 186.

que Schopenhauer, ao apontar um princípio volitivo e irracional do mundo – independente da faculdade de razão – que domina nossa razão em vez de nós o dominarmos, teve dificuldades de aceitação. Daí o drama que gosta de desempenhar, ou seja, de que é o Kaspar Hauser da filosofia.

Como se narra, Kaspar Hauser foi abandonado quando adolescente numa praça de Nuremberg, após ter passado a infância a pão e água, aprisionado numa cela. Não tinha domínio da linguagem, não comia carne, não bebia álcool. Aos poucos aprendeu a falar e podia não só expressar-se como desenvolveu a linguagem musical. Foi formado, aculturado. Ao ser deixado em praça pública, tinha um caderno de anotações, no qual constava a sua história. Havia suspeitas de que pertencia a uma família nobre; se esta fosse descoberta e assim esclarecida a sua verdadeira origem, o incômodo e as conseqüências legais para ela seriam notórios. Foi assassinado em 1833 num palácio em Ansbach.

Schopenhauer vive intimamente tal drama. Acreditava que o mundo acadêmico-filosófico o ignorava de propósito, com medo de que revelasse a fraqueza e a insustentabilidade de seus ensinamentos, com o que os professores de filosofia seriam desmascarados em público. "Sendo assim, tornei-me a máscara de ferro ou, como diz o nobre DORGUTH, o Kaspar Hauser dos professores de filosofia: privado de ar e de luz, para que ninguém me visse e para que minhas reivindicações inatas não pudessem alcançar importância."⁷

Mas foi um drama com final feliz, pois o filósofo, quando novamente entrou em praça pública, coincidindo com a derrocada na época da filosofia hegeliana, tornou-se o filósofo dominante de seu tempo e pôde degustar, nos anos finais de vida, toda a "comédia da fama".

V

A polêmica aqui desenhada em torno da história da filosofia como filosofia, negada por Schopenhauer na forma e no conteúdo, não pode ser decidida, como qualquer ciência do espírito, num laboratório de testes. As ciências naturais mesmas, como notam alguns teóricos e estudiosos dela, não detêm a verdade, pois toda teoria científica tem um ciclo de vida, ao fim do qual é superada e substituída por outra, que então é a última verdade dominante. Sendo assim, se a verdade apresenta-se como um artigo de fé ou conjunto de valores partilhados, qual o crédito da filosofia?

Talvez como terapia pela linguagem. No fundo, todo filósofo quer ser ouvido, quer ter audiência, quer comunicar-se, quer exercitar a linguagem. Falar, comunicar-se é terapêutico. O pior sofrimento para uma pessoa na ca-

---

7. Ver *infra*, § 14, p. 195.

deia é a cela incomunicável da "solitária". Todo filósofo, portanto, quando escolhe sua constelação de autores para dialogar, quando faz sua história da filosofia, tenta romper a solidão e o silêncio a que foi confinado no amplo céu do pensamento. O que não deixa de ser uma nostalgia do modelo grego de filosofar, ou seja, o encontro com uma audiência – fantasioso que seja – para aristotelicamente andar e pensar ao ar livre, ou platonicamente comer e beber num alegre banquete.

JAIR BARBOZA
Água Verde, Curitiba, abril de 2007

Cronologia

1788. Nasce Arthur Schopenhauer em Dantzig (Gdansk). Kant: *Kritik der praktischen Vernunft* [*Crítica da razão prática*].
1790. Kant: *Kritik der Urteilskraft* [*Crítica da faculdade de julgar*].
1794. Fichte: *Grundlage der gesamten Wissenschaftslehre* [*Fundamentos da doutrina da ciência em seu conjunto*].
1800. Schelling: *System des transcendentalen Idealismus* [*Sistema do idealismo transcendental*].
1800-5. Destinado por seu pai ao comércio, Schopenhauer realiza uma série de viagens pela Europa ocidental: Áustria, Suíça, França, Países Baixos, Inglaterra. Isso lhe rende um *Diário de viagem* e um excelente conhecimento do francês e do inglês.
1805. Morre seu pai. Schopenhauer renuncia à carreira comercial para dedicar-se aos estudos nos liceus de Gotha e de Weimar.
1807. Hegel: *Die Phänomenologie des Geistes* [*A fenomenologia do espírito*].

1808. Fichte: *Reden an die deutsche Nation* [*Discurso à nação alemã*]. Goethe: *Die Wahlverwandtschaften* [*As afinidades eletivas*] e *Faust* (primeira parte).
1809-13. Schopenhauer prossegue seus estudos nas universidades de Göttingen e de Berlim.
1813. Schopenhauer: *Ueber die vierfache Wurzel des Satzes vom zureichenden Grunde* [*Sobre a raiz quádrupla do princípio de razão suficiente*] (tese de doutorado).
1814. Morre Fichte.
1815. Derrota de Napoleão em Waterloo. O Congresso de Viena reorganiza a Europa sob o signo da Santa Aliança.
1816. Schopenhauer: *Ueber das Sehen und die Farben* [*Sobre a visão e as cores*].
1818. Hegel na universidade de Berlim, onde lecionará até sua morte.
1819. Schopenhauer: *Die Welt als Wille und Vorstellung* [*O mundo como vontade e como representação*].
1820. Schopenhauer começa a lecionar em Berlim com o título de *privat-dozent*. Fracassa.
1825. Nova tentativa na universidade de Berlim. Novo fracasso. Schopenhauer renuncia à docência e passa a viver daí em diante com a herança paterna.
1830. Hegel: *Enzyklopädie der philosophischen Wissenschaften in Grundiss* [*Enciclopédia das ciências filosóficas*] (edição definitiva).
1831. Morre Hegel.
1832. Morre Goethe.

1833. Schopenhauer estabelece-se em Frankfurt, onde residirá até sua morte.
1836. Schopenhauer: *Ueber den Willen in der Natur* [*Sobre a vontade na natureza*].
1839. Schopenhauer recebe um prêmio da Sociedade Norueguesa de Ciências de Drontheim por uma dissertação sobre "A liberdade da vontade".
1840. A dissertação "Sobre o fundamento da moral" não recebe o prêmio da Sociedade Real Dinamarquesa de Ciências de Copenhague.
1841. Schopenhauer publica suas duas dissertações de concurso sob o título de *Die beiden Grundprobleme der Ethik* [*Os dois problemas fundamentais da ética*]. Feuerbach: *Das Wesen des Christentums* [*A essência do cristianismo*].
1843. Kierkegaard: *Frygt og Boeven* [*Temor e tremor*].
1844. Schopenhauer: *O mundo como vontade e representação*, segunda edição acompanhada de *Suplementos*. Stirner: *Der Eiuzige und sein Eigentum* [*O único e sua propriedade*]. Marx e Engels: *Die heilige Familie oder Kritik der kritischen Kritik gegen Bruno Bauer und Konsorten* [*A sagrada família ou Crítica da crítica crítica contra Bruno Bauer e sócios*].
1846. Comte: *Discours sur l'esprit positif* [*Discurso sobre o espírito positivo*].
1848. Marx e Engels: *Manifest der Kommunistischen Partei* [*Manifesto do Partido Comunista*]. Revolução na França e na Alemanha. Sua correspondência con-

firma que Schopenhauer desejou e apoiou a repressão em Frankfurt.

1851. Schopenhauer: *Parerga und Paralipomena* [*Parerga e Paralipomena*]. Êxito e primeiros discípulos, Frauenstädt, Gwinner etc.

1856. Nasce Freud.

1859. Darwin: *On the Origin of Species* [*A origem das espécies*].

1860. Morre Schopenhauer.

ESBOÇO DE UMA HISTÓRIA DA DOUTRINA DO IDEAL E DO REAL

Multi pertransibunt, et augebitur scientia.[a]
Dn 12, 4.

---
[a] Multidões vagarão, e a ciência crescerá.

DESCARTES é, com razão, considerado o pai da nova filosofia, pois foi o primeiro a refletir sobre o problema, em torno do qual desde então gira toda a filosofia: o problema do ideal e do real, ou seja, a questão sobre o que é objetivo e o que é subjetivo em nosso conhecimento; portanto, o que nele eventualmente deve ser atribuído a algo diferente de nós e o que deve ser atribuído a nós mesmos. Com efeito, em nossa mente surgem imagens não por motivações internas, como as que derivam da arbitrariedade ou da associação de pensamentos, mas por motivações externas. Somente essas imagens constituem o imediatamente conhecido, o dado. Que relação podem ter com coisas que existem de modo totalmente separado e independente de nós e que, de alguma maneira, seriam a causa dessas imagens? Temos certeza de que essas coisas existem em geral? E, nesse caso, será que as imagens também nos dão explicações sobre sua natureza? Esse é o problema e, como sua conseqüência, a principal aspiração dos filósofos há duzentos anos tem sido separar claramente, por meio de um corte traçado em linha reta, o ideal, ou seja, aquilo que pertence unicamente a nosso conhecimento como tal, do real, em outros termos, aquilo que existe independentemente de nosso conhecimento, e assim determinar a relação de ambos entre si.

Na realidade, nem os filósofos da antiguidade, nem os escolásticos parecem ter chegado a uma consciência clara desse problema filosófico fundamental; embora se possa encontrar um vestígio dele, como idealismo e até como doutrina da idealidade do tempo, em PLOTINO, mais precisamente em *Enéadas III*, livro 7, capítulo 10, em que ele ensina que a alma teria feito o mundo ao ter saído da eternidade para entrar no tempo. É o que diz, por exemplo, ου γαρ τις αυτου τουτου του παντος τοπος, η ψυχη (*neque datur alius hujus universi locus, quam anima*)[a], bem como: δει δε ουκ εξωθεν της ψυχης λαμβανειν τον χρονον, ὥσπερ ουδε τον αιωνα εκει εξω του οντος (*oportet autem nequaquam extra animam tempus accipere, quemadmodum neque aeternitatem ibi extra id, quod ens appellatur*)[b]; passagens que realmente já exprimem a idealidade do tempo de Kant. E no capítulo seguinte: οὗτος ὁ βιος τον χρονον γεννᾳ. διο και ειρηται ἅμα τῳδε τῳ παντι γεγονεναι, ὅτι ψυχη αυτον μετα τουδε του παντος εγεννησεν

---

[a] Com efeito, este universo não tem nenhum outro lugar para além da alma.

[b] Convém, pois, não conceber o tempo, de maneira alguma, como algo fora da mente; tampouco a eternidade como algo fora daquilo que se chama de ente.

(*haec vita nostra tempus gignit: quamobrem dictum est, tempus simul cum hoc universo factum esse; quia anima tempus una cum hoc universo progenuit*)ᵃ. No entanto, o problema claramente reconhecido e expresso continua sendo o tema característico da filosofia MODERNA, depois que a reflexão necessária a esse objetivo foi despertada em DESCARTES, quando ele foi tomado pela verdade de que, antes de mais nada, estamos limitados à nossa consciência e de que o mundo nos é dado unicamente como REPRESENTAÇÃO: com sua conhecida expressão *dubito, cogito, ergo sum*ᵇ, ele quis ressaltar a única certeza da consciência subjetiva, em oposição à problematicidade de todo o resto. Desse modo, revelou o abismo existente entre o subjetivo ou ideal e o objetivo ou real e expressou essa tese na dúvida a respeito da existência do mundo exterior: simplesmente com seu mísero expediente para sair dela – a saber, afirmando que o amado Deus por certo não nos irá enganar –, mostrou quão profunda e difícil é a solução desse problema. Entrementes, esse escrúpulo era introduzido na filosofia por seu intermédio e tinha de continuar a agir como elemento perturbador, até ser definitivamente eliminado. A consciência de que sem um conhecimento profundo e uma explica-

---

[a] Esta nossa vida gera o tempo: é por isso que se diz que o tempo foi feito simultaneamente com este universo, pois a alma, una, produziu o tempo com este universo.

[b] Duvido; penso; logo, existo.

ção da diferença apresentada não é possível um sistema seguro e satisfatório passou a existir a partir de Descartes, e a questão já não pôde ser ignorada.

Para eliminá-la, MALEBRANCHE inicialmente imaginou o sistema das causas ocasionais. Abordou o problema em si em toda a sua extensão e de modo mais claro, mais sério e mais profundo do que DESCARTES (*Recherches de la vérité*, livro III, 2ª parte). Este último havia tomado a realidade do mundo exterior como obra de Deus; fato esse que, naturalmente, causa um efeito estranho, pois, enquanto os outros filósofos teístas procuram demonstrar a existência de Deus a partir da existência do mundo, Descartes, ao contrário, parte da existência e da veracidade de Deus para provar a existência do mundo: trata-se da prova cosmológica invertida. Dando um passo adiante também nessa questão, MALEBRANCHE ensina que vemos todas as coisas imediatamente no próprio Deus. Por certo isso significa explicar uma realidade desconhecida com algo ainda mais desconhecido. Além disso, segundo ele, não apenas vemos todas as coisas em Deus, mas esse é também a única força que age nelas, de maneira que as causas físicas são apenas aparentes, meras *causes occasionelles** (*Rech. d. l. vér.*, livro VI, 2ª parte, cap. 3). Sendo assim, aqui já deparamos essencialmente com o panteísmo de ESPINOSA, que parece ter aprendido mais de MALEBRANCHE do que de DESCARTES.

---

* Causas ocasionais. (N. da T.)

De modo geral, seria de admirar que já no século XVII o panteísmo não tivesse logrado uma vitória completa sobre o teísmo, uma vez que as mais originais, belas e profundas exposições européias do primeiro (pois, em comparação com os *Upanixades* dos *Vedas*, tudo isso não é nada) surgiram todas ao mesmo tempo naquele período: a saber, por meio de BRUNO, MALEBRANCHE, ESPINOSA e ESCOTO ERIGENA. Este último, esquecido e perdido ao longo de muitos séculos, foi redescoberto em Oxford e, em 1681, ou seja, quatro anos após a morte de Espinosa, foi impresso pela primeira vez. Isso parece demonstrar que a opinião de um indivíduo não se pode fazer valer enquanto o espírito da época não estiver maduro para aceitá-la. Por outro lado, em nossos dias, o panteísmo, embora apresentado apenas na reelaboração eclética e confusa de Schelling, transformou-se na forma de pensar dominante dos eruditos e até das pessoas instruídas. E isso porque Kant adiantara-se em vencer o dogmatismo teísta, abrindo o caminho para o panteísmo, o que permitiu que o espírito da época estivesse preparado para ele, como um campo arado para a semeadura. Em contrapartida, no século XVII, a filosofia voltou a abandonar esse caminho e chegou, por uma parte, a LOCKE, que havia sido precedido por Bacon e Hobbes, e, por outra, pelo intermédio de LEIBNIZ, a Christian WOLF: estes dois últimos passaram a ser dominantes, no século XVIII, especialmente na Alemanha, embora, por fim, apenas na medida em que foram acolhidos no ecletismo sincrético.

Todavia, os pensamentos profundos de MALEBRANCHE parecem ter dado ocasião imediata ao sistema de LEIBNIZ da *harmonia praestabilita*[a], cuja fama, difundida em sua época, e cuja grande reputação deram prova de que o absurdo é o que tem mais facilidade de fazer fortuna no mundo. Embora eu não me possa vangloriar de ter uma idéia clara das mônadas de Leibniz, que, ao mesmo tempo, constituem-se de pontos matemáticos, átomos corpóreos e almas, parece-me inquestionável o fato de que tal suposição, uma vez constatada, poderia servir para poupar-nos de todas as demais hipóteses sobre o esclarecimento da relação entre ideal e real e dar por resolvida a questão, já que ambos os termos são completamente identificados nas mônadas (é por isso também que, nos dias atuais, SCHELLING, como criador dos sistemas de identidade, voltou a tomar gosto por esse tipo de solução). Contudo, não agradou ao célebre matemático, erudito e político filosofante empregá-la com esse intento; ao contrário, formulou, para esse fim, a harmonia preestabelecida. Esta última nos fornece dois mundos completamente diferentes, sendo cada um deles incapaz de agir de alguma forma sobre o outro (*Principia philos.*, § 84, e *Examen du sentiment du P. Malebranche*, de *Oeuvres de Leibniz*, publicadas por Raspe) e a perfeita cópia desnecessária do outro, mas que devem coexistir e desenvolver-se exatamente em paralelo e uníssono. Por essa razão, o autor

---

[a] Harmonia preestabelecida.

de ambos estabeleceu, logo no início, a mais precisa harmonia entre eles, na qual continuam a desenvolver-se um ao lado do outro da melhor maneira. Nesse sentido, Leibniz deixou de lado o mero fato que constitui o problema, a saber, que o mundo nos é dado imediatamente apenas como nossa representação, para substituí-lo pelo dogma de um mundo corporal e um mundo espiritual, entre os quais nenhuma ponte é possível, entrelaçando a questão da relação entre as representações e as coisas em si mesmas com aquela da possibilidade dos movimentos do corpo por intermédio da vontade, e depois desatando ambas ao mesmo tempo com sua *harmonia praestabilita* (Brucker, *Hist. ph.*, t. IV, parte II). O monstruoso absurdo de sua hipótese já foi evidenciado por alguns de seus contemporâneos, especialmente por BAYLE, por meio da exposição das conseqüências que dela derivam. (Ver, nos breves escritos de Leibniz, traduzidos [para o alemão] por Huth em 1740, a observação sobre a página em que o próprio Leibniz se vê obrigado a expor as conseqüências revoltantes de sua afirmação.) Contudo, justamente o caráter absurdo da hipótese, ao qual uma mente pensante foi conduzida pelo presente problema, demonstra sua magnitude, sua dificuldade e sua perplexidade e quão pouco somos capazes de eliminá-lo e desatar seu nó com meras negações, como algumas pessoas se aventuraram a fazer em nossos dias.

ESPINOSA, por sua vez, parte diretamente de DESCARTES: por isso, apresentando-se como cartesiano, inicialmente manteve até mesmo o dualismo de seu mestre e, portanto, admitiu uma *substantia cogitans* e uma *substantia extensa*ᵃ, a primeira como sujeito e a segunda como objeto do conhecimento. Em contrapartida, posteriormente, quando encontrou a própria independência, descobriu que ambas constituíam a mesma substância, considerada a partir de diferentes aspectos, ou seja, uma vez como *substantia extensa* e outra como *substantia cogitans*. Na verdade, isso significa que a diferença entre pensante e extenso ou entre espírito e matéria é infundada e, portanto, inadmissível; por essa razão, não se deveria ter falado a respeito dela ulteriormente. Todavia, ele ainda a mantém, na medida em que repete incansavelmente que ambas constituem uma unidade. Além disso, acrescenta, mediante um mero *sic etiam*ᵇ, que *modus extensionis et idea illius modi una eademque et res*ᶜ (*Eth.*, parte II, prop. 7, escólio), com o que pretende dizer que nossa representação dos corpos e esses mesmos corpos são a mesma coisa. Entretanto, o *sic etiam* institui uma transição insuficiente para essa afirmação, pois do fato de ser infundada a diferença entre espírito e matéria ou entre representante e extenso não resulta absolutamente que também seja infundada a diferença entre nossa representação e algo objetivo e real que exista fora dela – a saber,

---

ᵃ Substância pensante e substância extensa.
ᵇ Igualmente.
ᶜ O modo da extensão e a idéia desse modo são uma e mesma coisa.

o primeiro problema levantado por Descartes. O representante e o representado sempre podem ser da mesma natureza; todavia, permanece a questão sobre se das representações presentes em minha mente posso deduzir com segurança a existência de seres diferentes de mim, existentes em si próprios, ou seja, independentemente dessas representações. A dificuldade não está naquilo em que sobretudo Leibniz gostaria de encontrá-la, ou seja, no fato de que entre as supostas almas e o mundo corporal, como duas espécies de substâncias absolutamente heterogêneas, não pode haver nenhuma influência nem comunhão, razão pela qual ele negou a influência física; com efeito, essa dificuldade é meramente uma conseqüência da psicologia racional e, portanto, precisa apenas, como ocorre com Espinosa, ser descartada como uma ficção. Além disso, como *argumentum ad hominem* contra os defensores dessa psicologia racional, há que se fazer valer seu dogma de que Deus, que na verdade é um espírito, criou o mundo corporal e continua a governá-lo, portanto, de que um espírito pode agir imediatamente sobre a matéria. Ao contrário, a dificuldade é e continua sendo simplesmente a cartesiana, ou seja, a de que o mundo, que é a única coisa a nos ser dada de modo imediato, é apenas ideal, isto é, consiste em meras representações em nossa mente; enquanto nós, indo mais adiante, pomo-nos a julgar um mundo real, isto é, que existe independentemente de nossas representações. Por conseguinte, ao anular a diferença entre *substantia cogitans* e *substantia extensa,* ESPINOSA ainda não resolveu esse problema, mas quando muito tornou novamente admissível a influência física. Porém, ela não serve para resolver a dificuldade, pois a lei da causalidade é de origem subjetiva, conforme já demonstrado. Mas, mesmo que a lei se originasse inversamente da experiência externa, ela ainda pertenceria àquele mundo posto em questão, que nos é dado apenas idealmente; de modo que em nenhum caso a lei de causalidade pode estabelecer uma ponte entre o absolutamente objetivo e o subjetivo; ao contrário, ela é apenas o liame que une os fenômenos entre si (cf. *O mundo como vontade e como representação,* vol. 2).

No entanto, para explicar com mais detalhes a identidade da extensão acima apresentada e da sua representação, ESPINOSA expõe algo que compreende, ao mesmo tempo, a opinião de MALEBRANCHE e a de LEIBNIZ. Exatamente em concordância com MALEBRANCHE, vemos todas as coisas em Deus: *rerum singularium ideae non ipsa ideata, sive res perceptas, pro causa agnoscunt, sed ipsum Deum, quatenus est res cogitans*[a] (*Eth.*, parte II, prop. 5); e esse Deus também é, ao mesmo tempo, o real e o que age nelas, como dizia MALEBRANCHE. Todavia, como ESPINOSA designa o mundo com o nome de *Deus,*

---

[a] As idéias de coisas singulares não têm por causa as próprias coisas ideadas, ou seja, as coisas percebidas, mas o próprio Deus, na medida em que ele é coisa pensante.

no final, nada se explica. Simultaneamente, porém, há nele, bem como em LEIBNIZ, um exato paralelismo entre o mundo extenso e aquele representado: *ordo et connexio idearum idem est, ac ordo et connexio rerum*[a] (parte II, prop. 7, e muitas outras passagens semelhantes). Essa é a *harmonia praestabilita* de LEIBNIZ; só que aqui o mundo representado e aquele que existe objetivamente não estão de todo separados como em LEIBNIZ, correspondendo um ao outro apenas em virtude de uma *harmonia* regulada prévia e externamente, mas são, na verdade, uma única e idêntica coisa. Sendo assim, temos aqui, em primeiro lugar, um REALISMO completo, na medida em que a existência das coisas corresponde exatamente à sua representação em nós, sendo ambas a mesma coisa. Por conseguinte, conhecemos as coisas em si: elas são, em si mesmas, *extensa*, assim como se manifestam como *extensa*, na medida em que se apresentam como *cogitata*, ou seja, na representação que temos delas. (Diga-se de passagem, aqui se encontra a origem da identidade do real e do ideal de Schelling.) Na realidade, tudo isso se fundamenta mediante uma simples asserção. A exposição não é clara por várias razões, entre as quais a ambigüidade da palavra *Deus*, empregada num sentido completamente impróprio; por isso, ele se perde na obscuridade e, por fim, declara: *nec impraesentia-*

---

[a] A ordem e a conexão das idéias é o mesmo que a ordem e a conexão das coisas.

*rum haec clarius possum explicare*ᵃ. Porém, a falta de clareza da exposição sempre surge da falta de clareza da própria compreensão e da reflexão dos filosofemas. O que na música é a "frase pura", na filosofia é a clareza perfeita, na medida em que é a *conditio sine qua non*, cujo não cumprimento faz com que tudo perca seu valor e com que tenhamos de dizer: *quodcunque ostendis mihi sic incredulus odi*ᵇ. Se até nas ocasiões da vida comum e prática temos de evitar, com cuidado e usando de clareza, possíveis equívocos, de que modo deveríamos expressar-nos indeterminadamente ou mesmo de modo enigmático no tema mais difícil, abstruso e quase inacessível do pensamento, que é tarefa da filosofia? A obscuridade censurada na doutrina de Espinosa surge do fato de que ele não partiu imparcialmente da natureza das coisas tal como ela se apresenta, mas do cartesianismo e, portanto, de toda sorte de conceitos tradicionais, como *Deus, substantia, perfectio*ᶜ etc., que ele tentou, por vários rodeios, harmonizar com sua verdade. Quanto à relação da doutrina de Espinosa com a de Descartes, lembro aqui o que já disse a respeito em *O mundo como vontade e como representação*, vol. 2. Mas, por ter partido dos conceitos da filosofia cartesiana, em sua exposição Espinosa incorre não apenas em muita obscuridade e motivos para equí-

---

[a] No momento, não posso explicar essas coisas mais claramente.

[b] Incrédulo, não admito nada do que me mostras.

[c] Deus, substância, perfeição.

vocos mas, conseqüentemente, também em muitos paradoxos flagrantes, falácias manifestas e em tais absurdos e contradições que muito do que é verdadeiro e primoroso em sua doutrina acabou por adquirir uma mistura altamente desagradável de coisas simplesmente indigestas, que fazem com que o leitor vacile entre a admiração e o dissabor. Porém, no aspecto aqui considerado, o principal erro de Espinosa está no fato de ele ter traçado a linha divisória entre o ideal e o real ou entre o mundo subjetivo e o objetivo a partir de um ponto incorreto. Com efeito, a EXTENSÃO não é absolutamente o oposto da REPRESENTAÇÃO, mas encontra-se totalmente dentro desta última. Representamos as coisas como extensas e, na medida em que elas o são, são também nossa representação; no entanto, a questão e o problema originário consistem em saber se, independentemente de nossa representação, existe algo extenso ou até se existe algo em geral. Mais tarde, KANT resolveu esse problema com retidão inegável, constatando que a extensão, ou a espacialidade, encontra-se unicamente na representação e, portanto, está ligada a ela, uma vez que todo o espaço é a mera forma da representação; desse modo, não pode existir, e por certo não existe, nenhuma extensão independente da nossa representação. Por conseguinte, a linha divisória de Espinosa foi totalmente traçada no lado ideal e ele permaneceu no mundo REPRESENTADO: indicado pela forma que lhe é própria da extensão, este último é considerado por ele como real e, portanto, como independente do ato de ser representado, isto é, existente em si mesmo. Destarte, ele obviamente tem razão ao dizer que aquilo que é extenso e aquilo que é representado – em outras palavras, nossa representação dos corpos e esses corpos em si – são a mesma coisa (parte II, prop. 7, escólio). Pois, de fato, as coisas são extensas somente se representadas e representáveis somente se extensas: o mundo como representação e o mundo no espaço são uma *eademque res*[a]; podemos perfeitamente admitir tal fato. Mas, se a extensão fosse uma propriedade das coisas em si, então nossa intuição seria um conhecimento das coisas em si; ele supõe o mesmo, e nisso consiste seu realismo. Porém, como não o justifica nem comprova que à nossa intuição de um mundo espacial corresponde um mundo espacial independente dessa intuição, o problema fundamental permanece sem solução. Isso resulta justamente do fato de que a linha divisória entre o real e o ideal, o objetivo e o subjetivo, a coisa em si e a aparência não foi corretamente traçada: ao contrário, como já dito, ele conduz o corte pelo meio do lado ideal, subjetivo e fenomênico do mundo, portanto, pelo mundo como representação; subdivide este último em extensão ou espacialidade e na representação que fazemos dela, e depois esforça-se para mostrar que ambas são idênticas, como de fato o são. Justamente por

---

[a] E mesma coisa.

permanecer completamente ligado ao aspecto ideal do mundo, uma vez que pensa já ter encontrado o real na extensão, que também pertence a esse aspecto, e como para ele o mundo intuitivo é a única realidade FORA de nós e aquilo que conhece (*cogitans*) a única realidade EM nós, por outro lado, Espinosa também transfere o único verdadeiramente real, a vontade, para o ideal, fazendo dele um simples *modus cogitandi*[a] e até identificando-o com o JULGAMENTO. Basta vermos na segunda parte da *Ética* as demonstrações das proposições 48 e 49, em que se diz: *per* voluntatem *intelligo affirmandi et negandi facultatem*[b], e ainda: *concipiamus singularem aliquam* volitionem, *nempe modum cogitandi, quo mens affirmat, tres angulos trianguli aequales esse duobus rectis*[c]. De modo geral, Espinosa comete o grave erro de abusar deliberadamente das palavras para indicar conceitos que no mundo todo são expressos com outros nomes e, em contrapartida, priva-os do significado que possuem por toda parte; assim, chama de "Deus" o que no mundo todo é conhecido como "o mundo", de "o direito" o que é conhecido como "a força", e de "a vontade" o que se conhece por "o julgamento". Estamos inteiramente auto-

---

[a] Modo de pensar.

[b] Por *vontade* entendo a faculdade de afirmar e negar.

[c] Consideremos naturalmente uma *volição* singular, o modo de pensar pelo qual a mente afirma que os três ângulos iguais de um triângulo são iguais a dois ângulos retos.

rizados a recordar a esse respeito o comandante dos cossacos em *Beniovski**, de Kotzebue.

Embora mais tarde e já conhecendo LOCKE, BERKELEY prosseguiu coerentemente por esse caminho dos cartesianos, tornando-se assim o autor do verdadeiro IDEALISMO, ou seja, do conhecimento de que aquilo que se estende pelo espaço e o preenche – o mundo intuitivo em geral – pode ter sua existência como tal única e exclusivamente em nossa REPRESENTAÇÃO e de que é absurdo e até contraditório atribuir a esse mundo intuitivo outra existência fora de toda representação e independentemente do sujeito cognoscente e, portanto, aceitar uma matéria existente em si mesma. Essa é uma opinião muito correta e profunda; porém nela também consiste toda a sua filosofia. Ele concebeu e isolou claramente o ideal; mas não soube encontrar o real, tampouco se esforçou o bastante para encontrá-lo e pronunciou-se a respeito apenas de forma ocasional, fragmentada e incompleta. A vontade e a onipotência de Deus são causa absolutamente imediata de todos os fenômenos do mundo intuitivo, ou seja, de todas as nossas representações. Uma existência real compete apenas aos seres dotados de conhecimento e vontade, como nós mesmos; portanto, junto com Deus, eles constituem o real. São espíritos, ou seja, precisamente seres cognoscentes e volitivos; com efeito, ele também considera a vontade e o conhecimento absolu-

---

* Peça teatral de August Friedrich Kotzebue (1761-1819). (N. da T.)

tamente inseparáveis. Em comum com seus predecessores, toma Deus por mais conhecido do que o mundo existente e, por conseguinte, vê uma alusão a ele como uma explicação. De maneira geral, sua situação clerical e até episcopal prendeu-o a pesadas correntes e limitou-o a um reduzido círculo de pensamentos, com o qual nunca pôde entrar em conflito; por isso, não conseguiu ir além, mas, em sua mente, teve de aprender a tolerar o verdadeiro e o falso da melhor maneira possível. Essa observação pode estender-se até mesmo às obras de todos esses filósofos, menos à de Espinosa: todas são corrompidas pelo teísmo judaico, inacessível a todo exame, insensível a toda investigação, que, portanto, se apresenta realmente como uma idéia fixa e a cada passo coloca a verdade em seu caminho; de maneira que o dano que esse teísmo provoca aqui no âmbito teórico surge como a contraparte daquele que, durante um milênio, causou no âmbito prático. Refiro-me às guerras religiosas, aos tribunais da Inquisição e às conversões de povos pela espada.

Não se pode negar a estreita afinidade entre MALEBRANCHE, ESPINOSA e BERKELEY; também vemos que todos eles partem de DESCARTES, uma vez que insistem no problema fundamental apresentado por ele sob a forma da dúvida quanto à existência do mundo exterior e procuram resolvê-lo, esforçando-se para analisar a separação e a relação entre o mundo ideal e subjetivo, dado apenas em nossa representação, e o mundo real e objetivo, que existe independentemente dela e, portanto, existente em si.

Por isso, como já dito, esse problema é o eixo ao redor do qual gira toda a filosofia da época moderna.

LOCKE distingue-se desses filósofos pelo fato de que, provavelmente por encontrar-se sob a influência de Hobbes e Bacon, aproxima-se tanto quanto possível da experiência e do senso comum, evitando ao máximo hipóteses suprafísicas. Para ele, O REAL é a MATÉRIA, e, sem dar importância ao escrúpulo de Leibniz sobre a impossibilidade de uma união causal entre a substância imaterial e pensante e aquela material e extensa, até admite uma influência física entre a matéria e o sujeito cognoscente. Todavia, a esse respeito, chega a confessar, com rara circunspecção e honestidade, que talvez o cognoscente e pensante também possa ser matéria (*On hum. underst.*, livro IV, cap. 3, § 6); o que mais tarde lhe rendeu o reiterado louvor do grande VOLTAIRE e, em contrapartida, contemporaneamente, os maldosos ataques de um astuto pastorzinho anglicano, o bispo de Worcester[1]. Segun-

---

1. Não há outra igreja mais lucífuga do que a inglesa; justamente porque nenhuma outra tem tantos interesses pecuniários em jogo como ela, cujos rendimentos montam a cinco milhões de libras esterlinas, o que deve ultrapassar em quarenta mil libras esterlinas o rendimento de todo o clero cristão em ambos os hemisférios. Por outro lado, não há outra nação tão dolorosa de ver, devido à sua estupidificação metódica, causada pela mais degradante fé cega, do que a inglesa, que excede em inteligência todas as demais. A raiz desse mal reside no fato de que na Inglaterra não há ministério de instrução pública. Por essa razão, até agora essa última permaneceu nas mãos do clero, que cuidou para que dois terços da na-

do ele, o REAL, isto é, a matéria, suscita no cognoscente representações ou o IDEAL por meio do "impulso", ou seja, do choque (*ibid.*, livro I, cap. 8, § 11). Portanto temos aqui um realismo verdadeiramente sólido, que produz contradição mediante sua exorbitância e que ocasionou o idealismo de Berkeley, cujo especial ponto de origem talvez seja aquilo que LOCKE alega ao final do segundo parágrafo do capítulo 21, livro II, dizendo, entre outras coisas, com tão surpreendente insuficiência de reflexão: *solidity, extention, figure, motion and rest, would be really in the world, as they are, whether there were any sensible being to perceive them, or not* (impenetrabilidade, extensão, figura, movimento e repouso existiriam realmente no mundo, tais como são, havendo ou não algum ser sensível para percebê-los). Tão logo refletimos a respeito, temos de reconhecê-lo como falso; mas então se apresenta o idealismo de Berkeley, que é irrefutável. Entrementes, LOCKE tampouco deixa de reparar nes-

....

ção não saibam ler nem escrever, e até atreveu-se, vez por outra, a ladrar com a mais ridícula presunção contra as ciências naturais. Destarte, é dever da humanidade infiltrar na Inglaterra, por todos os canais concebíveis, luz, esclarecimento e ciência, para que o ofício dos mais bem-nutridos entre todos aqueles padres tenha um fim. Os ingleses cultos que vierem ao continente mostrando sua superstição judaica em relação ao *shabbat* e outras beatices estúpidas devem ser recebidos com escárnio manifesto – *until they be shamed into common sense* [até sentirem-se envergonhados e compartilharem do senso comum]. Pois tal comportamento é um escândalo para a Europa e já não pode ser tolerado.

se problema fundamental que é o abismo entre as representações em nós e as coisas que existem independentemente de nós, portanto a diferença entre o ideal e o real; contudo, em linha de princípio, ele resolve a questão com argumentos do bom senso, porém de modo rudimentar e referindo-se à suficiência de nosso conhecimento das coisas para fins práticos (*ibid.*, livro IV, caps. 4 e 9); o que obviamente nada tem a ver com a questão e apenas mostra quão aquém do problema permanece o empirismo. No entanto, justamente seu realismo leva-o a limitar o que corresponde ao REAL em nosso conhecimento às qualidades inerentes às coisas, TAIS COMO SÃO EM SI PRÓPRIAS, e a distinguir essas qualidades daquelas que pertencem apenas ao nosso conhecimento das coisas, portanto, unicamente ao IDEAL; por conseguinte, ele chama estas últimas de qualidades SECUNDÁRIAS e as primeiras de PRIMÁRIAS. Essa é a origem da diferença entre coisa em si e aparência, que posteriormente tornou-se tão importante na filosofia kantiana. Desse modo, nisso reside o verdadeiro ponto genético que une a doutrina kantiana à filosofia anterior, vale dizer, a LOCKE. Essa doutrina foi estimulada e provocada de maneira mais imediata pelas objeções céticas de HUME contra a doutrina de LOCKE; por outro lado, ela tem apenas uma relação polêmica com a filosofia de Leibniz e Wolf.

Como qualidades PRIMÁRIAS, que devem ser exclusivamente determinações das coisas em si e, por conseguinte, pertencer a elas mesmo fora de nossa representação e independentemente dela, mostram-se as que NÃO podem ser ABSTRAÍDAS das coisas, a saber: extensão, impenetrabilidade, figura, movimento ou repouso e número. Todas as demais são reconhecidas como SECUNDÁRIAS, a saber, como resultados da ação das qualidades primárias em nossos órgãos sensoriais e, conseqüentemente, como meras sensações nesses órgãos, tais como cor, som, gosto, odor, dureza, maciez, lisura, aspereza etc. Portanto essas sensações não possuem a menor semelhança com a natureza que as suscita nas COISAS EM SI, mas devem ser reduzidas às qualidades primárias como suas causas, e somente essas existem de maneira puramente objetiva e real nas coisas (*ibid.*, livro I, cap. 8, §§ 7 ss.). Sendo assim, nossas representações destas últimas são cópias realmente fiéis, que reproduzem com precisão as qualidades existentes nas coisas em si (*loc. cit.*, § 15. Desejo sorte ao leitor que aqui realmente percebe quão ridículo o realismo se torna). Vemos, portanto, que LOCKE subtrai da natureza das coisas em si, cujas representações recebemos de fora, aquilo que é ação dos nervos dos ÓRGÃOS SENSORIAIS: uma observação fácil, compreensível e indiscutível. No entanto, posteriormente, por esse mesmo caminho, Kant dá um passo imensuravelmente maior, também subtraindo o que é ação de nosso CÉREBRO (essa massa nervosa incomparavelmente maior). Desse modo, em seguida, todas as qualidades que se consideravam primárias reduzem-se a secundárias, e as supostas coisas em si, a simples aparências, enquanto a verdadeira coisa em si, agora também despojada daquelas qualidades, permanece como uma grandeza inteiramente desconhecida, um mero x. Por certo, isso exigiu uma análise difícil, profunda e que precisou ser defendida por muito tempo contra os ataques dos que a interpretavam mal ou não a compreendiam.

LOCKE não deduz suas qualidades primárias das coisas, tampouco fornece uma razão por que estas e não outras são puramente objetivas, a não ser que elas são indestrutíveis. Porém, se nós próprios investigarmos por que ele NÃO declara como objetivamente existentes aquelas qualidades das coisas, que agem de modo totalmente imediato sobre a sensação e que, por conseguinte, vêm justamente de fora, e, por outro lado, por que concede uma existência objetiva àquelas qualidades que (como reconhecemos desde então) provêm das funções próprias do nosso intelecto, descobriremos que a causa de tudo isso está no fato de a consciência, que tem uma intuição objetiva (a consciência das outras coisas), precisar necessariamente de um complicado aparato, apresentando-se como funções deste último; por conseguinte, suas determinações fundamentais mais essenciais já são estabelecidas a partir de dentro, o que faz com que a forma geral, ou seja, o modo da intuição, do qual *a priori* só pode resultar o cognoscível, apresente-se como o tecido fundamental do mundo intuído e, portanto, manifeste-se como absolutamente necessário, sem exceção e irremovível, de maneira que já de antemão se mantém como condição de todo o restante e de sua múltipla variação. Como se sabe, em primeiro lugar, tal forma é tempo e espaço, o que resulta deles e o que é possível apenas por intermédio deles. Por si só, tempo e espaço são vazios: se alguma coisa deve entrar neles, deverá manifestar-se como MATÉRIA, ou seja, como algo ATIVO e, portanto, como causalidade. Pois a matéria é de um extremo a outro pura causalidade: sua essência consiste em sua ação e vice-versa; nada é além da forma intelectual da causalidade em si, apreendida objetivamente (*Sobre a raiz quádrupla do princípio de razão suficiente*; bem como *O mundo como vontade e como representação*, vols. 1 e 2). Como resultado, as qualidades primárias de LOCKE são simplesmente as que não podem ser abstraídas – o que indica com clareza suficiente sua origem subjetiva, uma vez que resultam diretamente da natureza do próprio aparato de intuição. Destarte, tem-se igualmente como resultado o fato de que ele considera como absolutamente objetivo aquilo que, como função cerebral, é ainda mais subjetivo do que a sensação produzida diretamente pelo exterior ou, ao menos, definida mais de perto.

Entrementes, é belo ver de que modo, mediante todas essas diferentes concepções e explicações, desenvolve-se e aclara-se cada vez mais o problema da relação entre o ideal e o real, proposto por DESCARTES, ou seja, como a verdade é fomentada. Por certo, isso ocorreu sob circunstâncias favoráveis da época, ou melhor, da natureza, que, como tal, no breve período de dois séculos, deu à luz meia dúzia de mentes pensantes na Europa e permitiu seu amadurecimento. Além disso, como presente do destino e em meio a um mundo que se entregava apenas ao proveito e aos prazeres, ou seja, um mundo de baixos sentimentos, puderam seguir sua excelsa vocação, sem se preocupar com o ladrar dos pastores nem com o palavreado ou a atividade deliberada dos professores de filosofia da época.

Como LOCKE, de acordo com seu rigoroso empirismo, também nos permitiu conhecer a relação de causalidade apenas por meio da experiência, HUME não contestou, como teria sido correto, essa falsa suposição; ao contrário, ultrapassou de imediato o alvo, a própria realidade da relação de causalidade, e fez isso pela observação correta em si de que a experiência nunca pode dar, de maneira sensorial e direta, mais do que uma mera sucessão de coisas, e não uma verdadeira causa e um verdadeiro efeito, uma conexão necessária. Todos nós sabemos que essa objeção cética de HUME deu ocasião às investigações incomparavelmente mais profundas de KANT a respeito, que o conduziram ao resultado de que a causalidade e, além dela, o espaço e o tempo são *a priori* conhecidos por nós, ou seja, estão em nós antes de toda experiência e, portanto, pertencem à parte SUBJETIVA do conhecimento. Como conseqüência, todas aquelas qualidades primárias, isto é, absolutas, das coisas, que LOCKE havia estabelecido, por serem todas compostas de puras determinações do tempo, do espaço e da causalidade, não podem ser próprias das coisas em si, mas são inerentes a nosso modo de conhecer estas últimas e, assim, não devem ser contadas como pertencentes ao real mas sim ao ideal. Por fim, tem-se como resultado o fato de que não reconhecemos as coisas considerando-as como são EM SI, mas unicamente em sua APARÊNCIA. Sendo assim, o real, a coisa em si, continua sendo algo totalmente desconhecido, um mero x, e todo o mundo intuitivo cabe ao ideal, como uma simples representação, um fenômeno, ao qual, no entanto, justamente por ser tal, de alguma forma tem de corresponder algo real, uma coisa em si.

A partir desse ponto, finalmente dei mais um passo e acredito que será o último. Com efeito, dei-me conta de que, conforme resulta das pesquisas de todos os meus predecessores aqui apresentadas, o absolutamente real, ou a coisa em si, nunca nos pode ser dado diretamente de fora, por intermédio da mera REPRESENTAÇÃO, pois inevitavelmente faz parte da essência desta última fornecer sempre e apenas o ideal. Por outro lado, dei-me conta de que, como nós próprios somos incontestavelmente reais, deve ser possível, de alguma forma, criar o conhecimento do real a partir do interior de nossa própria essência. De fato, esse real apresenta-se aqui, de modo imediato, na consciência, a saber, como VONTADE. Destarte, em minha concepção, a linha divisória entre o real e o ideal é traçada de modo que todo o mundo intuitivo e que se apresenta objetivamente, compreendendo o próprio corpo de cada um, juntamente com espaço, tempo e causalidade e, portanto, com a extensão de Espinosa e a matéria de Locke, pertence, como REPRESENTAÇÃO, ao IDEAL. Porém, como REAL permanece apenas a VONTADE, que todos os meus predecessores lançaram impensada e inadvertidamente na esfera do ideal, como um simples resultado da representação e do pensamento; de fato, Descartes e Espinosa chegaram a identificá-la com o julgamento[2]. Com isso, para mim a ÉTICA também está unida à metafísica de modo totalmente imediato e incomparavelmente mais firme do que em qualquer outro sistema. Somente a VONTADE e a REPRESENTAÇÃO são basicamente diferentes, uma vez que constituem a última e fundamental oposição em todas as coisas do mundo e nada deixam sobrar. A coisa representada e a sua representação são o mesmo, mas apenas a coisa REPRESENTADA, e não a coisa EM SI; esta última é sempre a VONTADE, seja qual for a forma em que apareça na representação.

APÊNDICE

Os leitores que sabem o que foi considerado como filosofia na Alemanha ao longo deste século talvez pudes-

---

2. Espinosa, *loc. cit.* – Descartes, in *Meditationibus de prima philosophia*, Medit. 4, p. 28.

sem admirar-se de não ver citado no intervalo entre mim e KANT nem o idealismo de Fichte, nem o sistema da absoluta identidade do real e do ideal, que como tais parecem pertencer muito propriamente ao nosso tema. Porém, não pude incluí-los nele porque, em minha opinião, FICHTE, SCHELLING e HEGEL não são filósofos, pois lhes falta o primeiro requisito para tanto: seriedade e honestidade na pesquisa. São meros sofistas; queriam parecer, não ser, e buscaram não a verdade mas sua própria vantagem e seu êxito no mundo. Cargos proporcionados pelo governo, honorários de discípulos e editores e, como meios para esse objetivo, o máximo de ostentação e espetáculo com sua pseudofilosofia. Tais eram as estrelas-guias e os gênios inspiradores desses discípulos da sabedoria. Por isso, não passam pelo controle de entrada e não podem ser admitidos na venerável sociedade dos pensadores para o gênero humano.

Entretanto, sobressaíram numa coisa, a saber, na arte de fascinar o público e de fazer-se passar por aquilo que não eram. Indiscutivelmente, isso requer talento, mas não o filosófico. Em contrapartida, o fato de não terem conseguido produzir nada de substancial em filosofia deve-se, em última análise, à circunstância de que SEU INTELECTO NÃO PERMANECEU LIVRE, mas sim a serviço da VONTADE; destarte, o intelecto pode obter resultados extraordinários para a vontade e seus objetivos mas não para a filosofia e para a arte. Pois estas impõem como primeira condição que o intelecto aja apenas por impulso próprio e cesse, durante o período dessa atividade, de servir à vontade, ou seja, de ter em vista os objetivos da própria pessoa. No entanto, ele mesmo, quando age por impulso próprio, não conhece, por sua natureza, outro objetivo que não seja a verdade. Por essa razão, para ser um filósofo, ou seja, um amante da sabedoria (que não é outra além da verdade), não basta amar a verdade enquanto ela for compatível com o próprio interesse, ou com a vontade dos superiores, ou com os dogmas da Igreja, ou com os preconceitos e o gosto dos contemporâneos; enquanto ele se contentar com isso, será apenas um φιλαυτος[a], e não um φιλοσοφος[b]. Pois esse título honorífico é concebido de maneira bela e sábia justamente porque indica que se deve amar a verdade seriamente e de todo coração, ou seja, incondicionalmente, sem reservas, sobre todas as coisas e, em caso de necessidade, a despeito de tudo. De resto, o fundamento dessa posição é justamente o mencionado anteriormente, ou seja, de que o intelecto SE LIBERTOU e, nessa condição, não conhece nem compreende outro interesse além daquele da verdade; todavia, a conseqüência é que se passa a conceber um ódio implacável contra toda mentira e fraude, seja qual for a veste que as recubra. Com isso, naturalmente não se vai muito adiante no mundo mas sim em filosofia. Em contrapartida, para ela é um mau auspício

---

[a] Amigo de si mesmo.
[b] Amigo da sabedoria.

quando, partindo, segundo se diz, em busca da verdade, começa-se a despedir-se de toda sinceridade, honestidade e integridade e pensa-se apenas em passar por aquilo que não se é. Assume-se então, exatamente como aqueles três sofistas, ora um falso *páthos*, ora uma elevada seriedade artificial, ora uma postura de infinita superioridade, a fim de se impor quando se é tomado pelo desespero de poder convencer. Escreve-se sem pensar, pois, quando se pensa apenas para escrever, poupa-se o pensamento até o momento da escrita. Procura-se então fazer passar como provas sofismas palpáveis, dar como pensamentos profundos uma verborragia vazia e sem sentido; toma-se como referência uma intuição intelectual ou um pensar absoluto e a automovimentação dos conceitos; rejeita-se com manifesta aversão o ponto de vista da "reflexão", ou seja, da deliberação racional, da consideração imparcial e da apresentação honesta, portanto o verdadeiro uso normal da razão em geral. Por conseguinte, declara-se um infinito desprezo pela "filosofia da reflexão", com cujo nome se designa todo curso coerente de pensamento, que deduza os efeitos das causas, característico de toda filosofia anterior. E quando o indivíduo possui suficiente ousadia, encorajada pelo espírito deplorável da época, irá manifestar-se do seguinte modo: "Não é difícil perceber que a MANEIRA de expor uma proposição, de aduzir razões em seu favor e de refutar igualmente com razões a proposição contrária não é a forma em que se pode apresentar a verdade. A verdade é o movimento dela em si mesmo" etc. (Hegel, prólogo à *Fenomenologia do espírito*). Não creio que seja difícil ver que quem expõe coisas semelhantes é um charlatão impudente, que quer enganar os tolos e percebe que encontrou as pessoas de que precisa nos alemães do século XIX.

Quando, portanto, correndo aparentemente ao templo da verdade, entregam-se as rédeas ao interesse da própria pessoa, interesse que visa a objetivos inferiores e que se orienta por estrelas-guias totalmente diferentes, talvez conforme o gosto e as fraquezas dos contemporâneos, a religião do país, porém, especialmente as intenções e metas dos governantes – oh, como se poderia alcançar o templo da verdade, sedimentado sobre os altos rochedos escarpados e escalvados! – Por certo é preciso, então, pelo vínculo seguro do interesse, atar a si próprio uma multidão de genuínos discípulos bastante esperançosos, ou seja, que esperem proteção e cargos, que aparentemente formem uma seita, na realidade uma facção, cujas estentóreas vozes reunidas proclamem aos quatro ventos como um sábio sem igual; o interesse da pessoa é satisfeito, porém é traído aquele da verdade.

Tudo isso esclarece a penosa impressão que se experimenta quando se passa do estudo dos verdadeiros pensadores, analisados anteriormente, às obras de Fichte e Schelling ou até ao disparate de Hegel, rabiscados presunçosamente e com uma confiança ilimitada, porém justificada, na estupidez alemã³. Naqueles sempre se encontrou uma investigação HONESTA da verdade e um esforço igualmente HONESTO de comunicar seus pensamentos aos outros. Por isso, quem lê Kant, Locke, Hume, Malebranche, Espinosa e Descartes sente-se elevado e penetrado de felicidade: isso é determinado pela comunhão com um espírito nobre, que pensa e faz pensar. O inverso disso tudo realiza-se na leitura dos três sofistas alemães, citados anteriormente. Um leitor desprevenido que abrir um livro deles e se perguntar se esse é o tom de um pensador que quer ensinar ou de um charlatão que quer enganar não pode ter cinco minutos de dúvida a respeito, tal é a FALTA DE PROBIDADE que exala de todos eles. O tom de investigação tranqüila, que havia caracteriza-

---

3. A pseudo-sabedoria de Hegel é realmente aquela mó na cabeça do estudante em *Fausto*. Se a intenção é estupidificar um jovem e torná-lo incapaz a todo pensamento, não há meio mais eficaz do que o estudo laborioso das obras originais de Hegel; pois esse monstruoso acúmulo de palavras, que se anulam e se contradizem, de maneira que o espírito se atormenta em vão quando tenta pensar algo ao lê-las, até sucumbir extenuado, gradualmente aniquilam nele a capacidade de pensar de modo tão completo, que, a partir de então, vazias flores de retórica têm para ele valor de pensamentos. Acrescente-se a isso a ilusão, confirmada ao jovem pelas palavras e pelo exemplo de todas as pessoas respeitáveis, de que aquela verborragia é a verdadeira e elevada sabedoria! Se alguma vez um preceptor temesse que seu pupilo se tornasse esperto demais para seus planos, tal desgraça poderia ser evitada mediante um estudo assíduo da filosofia de Hegel.

do toda filosofia anterior, é trocado por aquele da certeza inabalável, como é próprio do charlatanismo de todas as espécies e todos os tempos, mas que aqui tem de basear-se numa suposta intuição intelectual imediata ou num pensamento absoluto, isto é, independente do sujeito e, portanto, também de sua falibilidade. Em cada página e em cada linha, exprime-se o esforço de seduzir e enganar o leitor, ora impressionando-o e deixando-o perplexo, ora atordoando-o com frases incompreensíveis e até com disparates manifestos, ora desconcertando-o com o atrevimento na asserção, em suma, jogando areia em seus olhos e mistificando-o tanto quanto possível. Por isso, a sensação que se tem com a transição em questão, do ponto de vista teórico, pode ser comparada com aquela que alguém pode ter, do ponto de vista prático, se partir de uma sociedade de homens honrados para entrar num abrigo de ladrões. Em comparação com eles, que homem digno é CHRISTIAN WOLF, tão pouco apreciado e tão ridicularizado justamente por aqueles três sofistas! Ele sim teve e forneceu verdadeiros pensamentos; eles, ao contrário, meras composições de palavras e frases, com o intento de enganar. Portanto o verdadeiro caráter distintivo da filosofia de toda a chamada escola pós-kantiana é a DESONESTIDADE; seu elemento, a enganação, e as metas pessoais, seu objetivo. Seus corifeus esforçaram-se para PARECER, e não para SER; por isso são sofistas, não filósofos. O escárnio da posteridade, que se estende a seus admiradores, e o esquecimento são o que os espera. À tendência já mencionada dessa gente também se associa, diga-se de passagem, o tom de disputa e repreensão que perpassa por todos os lados a obra de Schelling, como um acompanhamento obrigatório. Se não fosse assim e se tivesse trabalhado com honestidade em vez de proceder com imponência e leviandade, Schelling, que decididamente é o mais dotado dos três, poderia ocupar na filosofia a posição secundária de um eclético momentaneamente útil; uma vez que o amálgama preparado por ele a partir das doutrinas de Plotino, Espinosa, Jakob Böhms, Kant e das ciências naturais da época moderna podia, por algum tempo, preencher o grande vazio produzido pelos resultados negativos da filosofia kantiana, até que um dia surgisse uma verdadeira nova filosofia, que de fato proporcionasse a satisfação exigida por aquela.

Do mesmo modo como as crianças brincam com as armas destinadas a fins mais sérios ou com outros utensílios dos adultos, os três sofistas em questão fizeram o mesmo com o assunto a que me refiro aqui, fornecendo o contraste cômico das laboriosas investigações de dois séculos dos filósofos que usaram de reflexão. Com efeito, depois que KANT enfatizou mais do que nunca o grande problema da relação entre o que existe em si e nossas representações, aproximando-o muito mais da solução, FICHTE apresentou-se com a asserção de que nada há por trás das representações, de que elas seriam meros produtos do sujeito cognoscente, do Eu. Procurando, com isso, sobrepujar KANT, não fez mais do que revelar uma caricatura da filosofia deste último, na medida em que, empregando constantemente o método já célebre dos três pseudofilósofos, aboliu por completo o real e nada deixou além do ideal. Então veio SCHELLING, que, em seu sistema da absoluta identidade do real e do ideal, declarou inexistente toda diferença e afirmou que o ideal também é o real e que ambos são a mesma coisa. Assim, tentou novamente misturar aquilo que havia sido laboriosamente separado, por meio de uma reflexão gradual e desenvolvida passo a passo, e mesclar tudo (Schelling, *Vom Verhältnis der Naturphil. zur Fichte'schen* [Da relação da filosofia da natureza com {a filosofia de} Fichte]). Nega-se audaciosamente a diferença entre o ideal e o real, imitando-se os erros anteriormente censurados de Espinosa. Ao mesmo tempo, até as mônadas de Leibniz, essa monstruosa identificação de dois disparates, a saber, dos átomos e dos seres indivisíveis, originária e essencialmente cognoscentes, chamados de almas, voltam a ser colocadas em evidência, solenemente apoteotizadas e utilizadas (Schelling, *Ideen z. Naturphil* [Idéias sobre a filosofia da natureza]). A filosofia da natureza de Schelling traz o nome de filosofia da identidade, pois, seguindo as pegadas de Espinosa, anula três distinções que este último já havia anulado, a saber, entre Deus e o mundo, entre o corpo e a alma e finalmente também entre o ideal e o real no mundo intuído. No entanto, esta última distinção, conforme mostrado anteriormente quando tratávamos de

Espinosa, não depende de modo algum das outras duas. Tanto que, quanto mais ela é ressaltada, mais sujeitas à dúvida estão as duas outras, pois se baseiam em provas dogmáticas (anuladas por Kant), enquanto esta se baseia num simples ato da reflexão. Em conformidade com tudo isso, a metafísica também foi identificada por Schelling com a física e, destarte, o elevado título "da alma do mundo" foi dado a uma mera diatribe físico-química. Todos os verdadeiros problemas metafísicos, tais como se impõem incansavelmente à consciência humana, deveriam ser atenuados com uma simples negação, mediante asserções categóricas. Aqui, a natureza existe justamente porque existe, fora de si mesma e por si mesma; damos-lhe o título de Deus e, com isso, ela se dá por satisfeita. Quem exigir mais é um tolo; a diferença entre subjetivo e objetivo é um mero estratagema escolar, bem como toda a filosofia kantiana, cuja diferenciação entre *a priori* e *a posteriori* é vã: nossa intuição empírica é a que realmente fornece as coisas em si etc. Deve-se ver *Über das Verhältnis der Naturphilosophie zur Fichte'schen* [Sobre a relação da filosofia da natureza com {a filosofia de} Fichte], as páginas em que também se ridiculariza manifestamente aqueles "que realmente se espantam com o fato de que nada existe e que nunca se cansam de se admirar do fato de que algo realmente existe". Desse modo, para o senhor Von Schelling, tudo parece ser evidente. Porém, no fundo, esse discurso é uma apelação, envolta em frases pomposas, ao chamado senso comum, ou seja, grosseiro. De resto, lembro aqui o que foi dito bem no início do capítulo 17, no segundo volume de minha obra principal. Significativa para nosso assunto e muito inocente é a passagem do livro já citado de Schelling: "Se o empirismo tivesse atingido totalmente seu objetivo, sua oposição à filosofia e, com ela, a própria filosofia como esfera particular ou modo da ciência desapareceriam; todas as abstrações se dissolveriam na intuição imediata e 'amigável'; o ápice seria um jogo do prazer e da SIMPLICIDADE; o mais difícil seria fácil; o mais imaterial, material; e o homem poderia ler alegre e livremente no livro da natureza." Certamente, isso seria uma maravilha! Mas não é o que acontece conosco: ao pensamento não se pode indicar a porta dessa maneira. A austera e antiga esfinge com seu enigma é irremovível e não desmorona da rocha porque declarais ser um espectro. Mesmo assim, quando mais tarde o próprio Schelling percebeu que os problemas metafísicos não podem ser rejeitados por asserções peremptórias, fez uma tentativa realmente metafísica em seu tratado sobre a liberdade, que, no entanto, é uma mera fantasia metafísica, um *conte bleu**. Por conseguinte, sempre que o relato assume um tom de demonstração, acaba tendo um efeito cômico.

Com sua doutrina da identidade do real e do ideal, SCHELLING tentou resolver o problema, que, trazido à tona desde o tempo de Descartes, havia sido tratado por to-

---

* Conto de fadas. (N. da T.)

dos os grandes pensadores e, por fim, levado às últimas conseqüências por Kant. E tentou uma solução desatando o nó, na medida em que negou a oposição entre ambos. Sendo assim, entrou em contradição direta com Kant, do qual ele afirmava partir. Entretanto, havia ao menos mantido o sentido original e verdadeiro do problema, que concerne à relação entre nossa INTUIÇÃO e o ser e a essência em si nas coisas que se apresentam; só que, como criou sua doutrina sobretudo a partir de ESPINOSA, logo adotou deste último as expressões PENSAR e SER, que indicam muito mal o problema em questão, e, mais tarde, deram ocasião às mais absurdas monstruosidades. Com sua doutrina de que *substantia cogitans et substantia extensa una eademque est substantia, quae jam sub hoc jam sub illo attributo comprehenditur*[a] (II, 7, escólio); ou de que *scilicet mens et corpus una eademque est res, quae jam sub cogitationis, jam sub extensionis attributo concipitur*[b] (III, 2, escólio), ESPINOSA quis primeiramente anular a antítese cartesiana entre corpo e alma. Também deve ter reconhecido que o objeto empírico não é diferente da representação que fazemos dele. SCHELLING adotou dele as expressões PENSAR e SER, que substituiu gradualmente por INTUIR ou antes objeto intuído e coisa em si (*Neue Zeitschrift für spekul. Physik* [Nova re-

---

[a] A substância pensante e a substância extensa são uma e mesma substância, compreendida ora sob este, ora sob aquele atributo.

[b] Certamente, mente e corpo são uma e mesma coisa, concebida ora sob o atributo do pensamento, ora sob o da extensão.

vista de física especulativa], vol. I, parte I: "Fernere Darstellungen" [Exposições ulteriores] etc.). Pois a relação de nossa INTUIÇÃO das coisas com seu SER e sua ESSÊNCIA EM SI é o grande problema, cuja história esboço neste momento; porém, não a de nossos PENSAMENTOS, ou seja, de nossos CONCEITOS. Pois esses são manifesta e inegavelmente meras abstrações do que é conhecido por intermédio da intuição e surgiram de abstrações arbitrárias ou do abandono de algumas propriedades e da manutenção de outras. A nenhuma pessoa razoável pode ocorrer duvidar a respeito[4]. Por conseguinte, esses CONCEITOS e PENSAMENTOS, que constituem a classe das representações NÃO INTUITIVAS, nunca têm uma relação DIRETA COM A ESSÊNCIA E O SER EM SI das coisas, mas sempre e apenas uma relação INDIRETA, a saber, por intermédio da INTUIÇÃO; por um lado, essa lhes fornece a matéria e, por outro, mantém-se em relação com as coisas em si, ou seja, com a essência desconhecida e própria das coisas, que se objetiva na intuição.

Mais tarde, a expressão imprecisa, tomada por Schelling de Espinosa, deu ocasião ao charlatão Hegel, desprovido de espírito e de gosto e que, sob esse ponto de vista, surge como o arlequim de Schelling, para deturpar a questão de tal forma que o PENSAMENTO em si e no sentido próprio, portanto os CONCEITOS, é identificado com a essência em si das coisas. Por conseguinte, o concebido *in abstrato*, como tal e de modo imediato, deveria ser

---

4. *Sobre a quádrupla raiz do princípio de razão*, § 26.

idêntico ao que existe objetivamente em si mesmo e, assim, a lógica também deveria ser, ao mesmo tempo, a verdadeira metafísica. Destarte, precisaríamos apenas pensar ou nos deixar dominar pelos conceitos, a fim de saber absolutamente como o mundo lá fora é feito. Em conformidade com isso, tudo o que passa pela cabeça seria imediatamente verdadeiro e real. De resto, como o lema dos filosofastros desse período era "quanto mais louco, melhor", esse absurdo foi apoiado por outro, o de que não somos NÓS a pensar, mas sim os conceitos, que, sozinhos e sem nossa intervenção, realizam o processo de pensamento, por isso chamado de automovimento dialético do conceito e que, então, deveria ser uma revelação de todas as coisas *in et extra naturam*[a]. Mas, na verdade, essa farsa ainda se baseava em outra, que, por sua vez, baseava-se igualmente no mau uso das palavras e nunca foi pronunciada com clareza, embora não haja dúvida de que se esconde por trás delas. Seguindo o exemplo de Espinosa, SCHELLING deu ao mundo o título de DEUS. HEGEL tomou isso ao pé da letra. Como essa palavra, na verdade, significa um ser pessoal, que, entre outras propriedades totalmente incompatíveis com o mundo, também possui aquela da ONISCIÊNCIA, ESTA ÚLTIMA também foi transferida por ele ao MUNDO, onde naturalmente não podia encontrar outro lugar senão abaixo da estúpida testa do homem. Desse modo, este só pre-

---

[a] Na natureza e fora dela.

cisaria dar livre curso a seus pensamentos (automovimento dialético), a fim de revelar todos os mistérios do céu e da terra, a saber, no galimatias da dialética hegeliana. Apenas UMA arte esse Hegel realmente entendeu, e foi a de levar os alemães na conversa. Mas essa não é uma grande arte. Bem vemos com que farsas ele conseguiu ser respeitado pelo mundo erudito alemão por trinta anos. Porém, basta de falar neles e em seu autor, cuja veneração queremos deixar para a Academia Dinamarquesa de Ciências, que, conforme sua interpretação, nele reconheceu um *summus philosophus*[a] e por isso exige que seja respeitado em seu julgamento, que, em apêndice a meu ensaio premiado "Sobre o fundamento da moral", é impresso como uma recordação duradoura. Tanto por sua perspicácia quanto por sua sinceridade memorável, tal julgamento merecia ser retirado do esquecimento, também porque fornece uma prova luculenta da bela sentença de LA BRUYÈRE: *Du même fonds, dont on néglige un homme de mérite, l'on sait encore admirer um sot**.

---

[a] O mais distinto filósofo.

* Pela mesma razão com que se negligencia um homem de mérito é-se capaz de admirar um tolo. (N. da T.)

FRAGMENTOS SOBRE A HISTÓRIA DA FILOSOFIA

§ 1
SOBRE A HISTÓRIA DA FILOSOFIA

Ler toda sorte de exposições de doutrinas filosóficas ou, de modo geral, a história da filosofia, em vez de ler as próprias obras dos filósofos, é como querer que outra pessoa mastigue nossa comida. Alguém leria a história universal se cada um pudesse ver com seus próprios olhos os acontecimentos do passado que lhe interessam? No que concerne à história da filosofia, tal autópsia de seu tema é, de fato, acessível ao indivíduo, a saber, nos próprios escritos dos filósofos, nos quais ele sempre pode limitar-se, por amor de brevidade, aos principais capítulos bem escolhidos; tanto mais quanto estão repletos de repetições, das quais ele se pode poupar. Desse modo, ele conhecerá o essencial das doutrinas dos filósofos de forma autêntica e sem falsificações, enquanto da meia dúzia de histórias da filosofia que são publicadas anualmente ele obtém apenas o que delas restou na cabeça de um professor de filosofia e da maneira como se apresenta. Sendo assim, é óbvio que os pensamentos de um grande espírito têm de encolher-se significativamente para encontrar lugar no cérebro de três libras de semelhante parasita da filosofia, do qual devem sair mais uma vez envoltos no particular jargão do dia e acompanhados por seu precoce julgamento. Além disso, pode-se calcular que esse historiador mercenário da filosofia mal tenha conseguido ler a décima parte das obras sobre as quais relata; seu verdadeiro estudo exige uma vida completa, longa e laboriosa, conforme fez outrora o corajoso BRUCKER, nos velhos tempos de trabalho. Em contrapartida, o que fundamentalmente pode ter sido investigado por essa gentinha, que, detida por constantes aulas, cargos públicos, viagens de férias e distrações, na maioria das vezes se apresenta em seus anos de juventude com histórias da filosofia? Além disso, quer ainda ser pragmática, ter sondado e exposto a necessidade da origem e da seqüência dos sistemas, e até julgar, corrigir e superar aqueles sérios e autênticos filósofos da antiguidade. De que outro modo pode isso acontecer além daquele em que essas pessoas transcrevem os mais antigos e umas às outras e, depois, para ocultar tal ato, corrompem cada vez mais as questões, tentando conferir-lhes o estilo moderno do qüinqüênio em curso, como se as julgassem segundo o espírito da época? Por outro lado, seria muito conveniente uma coleção das importantes passagens e dos principais capítulos de todos os filósofos célebres, compilados em ordem cronológico-pragmática, feita por uma comunidade consciente de eruditos honestos e inteligentes, aproximadamente à maneira como Gedicke, em primeiro lugar, e, mais tarde, Ritter e Preller fizeram com a filosofia da antiguidade, todavia, de forma muito mais detalhada; portanto, uma grande crestomatia universal, preparada com cuidado e conhecimento de causa.

Ao menos, os fragmentos que aqui apresento não são tradicionais, ou seja, copiados. Trata-se, antes, de pensamentos, motivados por meu estudo das obras originais.

§ 2
FILOSOFIA PRÉ-SOCRÁTICA

Os filósofos eleáticos foram os primeiros a tomar consciência da oposição entre o intuído e o pensado, φαινομενα[a] e νοουμενα[b]. Só o último era para eles o que realmente existia, o οντως ον[c]. A respeito dele, afirmaram em seguida que é uno, inalterável e imóvel; mas não afirmaram o mesmo a respeito do φαινομενοις, isto é, do intuído, que aparece e é dado empiricamente, pois teria sido ridículo sustentar algo semelhante sobre ele. Por conseguinte, a asserção, assim mal compreendida, foi outro-

---

[a] Fenômeno.
[b] Coisas em si.
[c] Ser essencialmente.

ra refutada por Diógenes, da maneira como conhecemos. Destarte, na verdade já faziam uma distinção entre APARÊNCIA, φαινομενον, e COISA EM SI, οντως ον. A última não podia ser intuída sensorialmente, mas apenas compreendida pelo pensamento e, portanto, era voουμενον[a] (Arist., *Metaph.*, I, 5, e *Scholia*, edit. Berol). Nos escólios a Aristóteles, cita-se o texto de Parmênides, τα κατα δοξαν[b]: essa teria sido, pois, a doutrina da APARÊNCIA, a física. A ela teria correspondido, sem dúvida, outra obra, τα κατ' αληϑειαν[c], a doutrina da COISA EM SI, portanto, a metafísica. De Melisso diz um escólio de Filoponos: εν τοις προς αληϑειαν έν ειναι λεγων το ον, εν τοις προς δοξαν δυο (deveria dizer πολλα) φησιν ειναι[d]. A antítese dos eleatas, e provavelmente também provocada por eles, é HERÁCLITO, uma vez que ensinou o movimento incessante de todas as coisas, enquanto AQUELES ensinaram a imobilidade absoluta; sendo assim, ele se deteve no φαινομενον (Arist., *De coelo*, III, 1, edit. Berol.). Desse modo, evocou novamente, como SUA antítese, a doutrina das idéias de PLATÃO, conforme resulta da exposição de Aristóteles (*Metaph.*).

É digno de nota encontrarmos inúmeras vezes repetidas nos escritos dos antigos as poucas proposições mais

---
[a] Ser de pensamento.

[b] O que se diz segundo a opinião.

[c] O que se diz segundo a verdade.

[d] Enquanto, segundo a verdade, ele diz que o ser é uno, afirma, segundo a opinião, que são dois (*deveria dizer* "múltiplo").

importantes dos filósofos pré-socráticos que se mantiveram; não obstante, muito pouco encontramos além disso. Assim, por exemplo, as doutrinas de Anaxágoras sobre o νους[a] e as ὁμοιομεριαι[b], as de Empédocles sobre φιλια και νεικος[c] e os quatro elementos, as de Demócrito e Leucipo sobre os átomos e as ειδωλοις[d], as de Heráclito sobre o fluxo constante das coisas, as dos eleatas, conforme exposto anteriormente, as dos pitagóricos sobre os números, a metempsicose etc.

De resto, ambos os dogmas citados de ANAXÁGORAS encontram-se estreitamente ligados. A saber, παντα εν πασιν[e] é sua descrição simbólica do dogma das homeomerias. Por conseguinte, na caótica massa originária, ocultavam-se, de modo totalmente completo, as *partes similares* (no sentido fisiológico) de todas as coisas. Para separá-las e combinar, ordenar e formar coisas especificamente diferentes (*partes dissimilares*), é necessário um νους[f], que, mediante a seleção dos componentes, ordenaria a confusão, uma vez que o caos continha a mais completa mistura de todas as substâncias (*Scholia in Aristot.*). No entanto, o νους não realizou totalmente essa primeira separação. Por isso, em cada coisa ainda se en-

---

[a] Pensamento.
[b] Homeomerias.
[c] Amizade e discórdia.
[d] Imagens.
[e] Em tudo, o todo.
[f] Intelecto.

contravam os componentes de todas as demais, embora em quantidade menor: παλιν γαρ παν εν παντι μεμικται[a] (*ibid.*).

Em contrapartida, EMPÉDOCLES tinha, em vez das inúmeras homeomerias, apenas quatro elementos, dos quais as coisas deveriam derivar como produtos, e não, como em Anaxágoras, como extratos. O papel unificador e separador, portanto, ordenador do νους é desempenhado nele por φιλια και νεικος, amor e ódio. Ambos são muito mais sensíveis. Com efeito, ele transfere a disposição das coisas não ao INTELECTO (νους) mas à VONTADE (φιλια και νεικος), e os diferentes tipos de substâncias não são, como em Anaxágoras, meros extratos, mas sim verdadeiros produtos. Se enquanto Anaxágoras as representa por meio de uma compreensão que separa, Empédocles o faz por um impulso cego, isto é, por uma vontade sem conhecimento.

De maneira geral, EMPÉDOCLES é um homem completo, e a seu φιλια και νεικος serve de base um profundo e verdadeiro *aperçu**. Já na natureza inorgânica vemos os elementos buscando-se reciprocamente ou fugindo uns dos outros, unindo-se ou separando-se, de acordo com as leis da afinidade eletiva. Porém, aqueles que mostram a tendência mais forte para unir-se quimicamente, uma tendência que, no entanto, só pode ser satisfeita no estado da fluidez, passam para a mais decisiva oposição

---

[a] Com efeito, tudo se mistura a tudo.

* Uma estimativa. (N. da T.)

elétrica quando entram em contato no estado sólido. Nesse momento, separam-se hostilmente em pólos opostos, para depois voltar a procurar-se e abraçar-se. E o que mais é essa oposição polar, que em geral se manifesta em toda a natureza sempre sob as mais diversas formas, senão uma desunião que sempre se renova, seguida pela reconciliação ardentemente ansiada? Assim, φιλια και νεικος realmente existem por toda parte, e somente de acordo com as circunstâncias é que uma ou outra aparecerá a cada vez. De maneira que nós próprios também podemos instantaneamente ser amigos ou inimigos de uma pessoa que se aproximar de nós: a disposição para ambos os comportamentos existe e aguarda as circunstâncias. Somente a prudência nos manda persistir no ponto da indiferença, embora ele seja, ao mesmo tempo, o ponto de congelamento. Do mesmo modo, o cachorro estranho que se aproxima de nós também se encontra instantaneamente pronto para usar de um registro amistoso ou hostil e, com facilidade, deixa de latir e rosnar para abanar a cauda, bem como o contrário. Por fim, o que serve de base a esse fenômeno universal de φιλια και νεικος é sobretudo a grande oposição primitiva entre a unidade de todos os seres, segundo sua essência em si, e toda a sua diferença na aparência, que tem como forma o *principium individuationis*[a].

Porém, antes de mais nada, é digno de nota o pessimismo decisivo entre as doutrinas de Empédocles. Ele co-

---

[a] Princípio de individuação.

nheceu inteiramente a miséria de nossa existência, e, para ele como para os verdadeiros cristãos, o mundo é um vale de lágrimas, Ατης λειμων[a]. Mas, como fez mais tarde Platão, ele compara esse mundo a uma caverna sombria, na qual estaríamos encerrados. Em nossa existência terrena, ele vê um estado de exílio e miséria, e o corpo é o cárcere da alma. Essas almas encontraram-se outrora num infinito estado de felicidade e, por sua própria culpa e pecado, caíram na atual ruína, na qual, mediante uma conduta pecadora, enredam-se cada vez mais e entram no círculo da metempsicose. Por outro lado, podem voltar ao antigo estado por meio da virtude e da pureza moral, às quais também pertence a abstinência de alimento animal, e evitando os prazeres e os desejos terrenos. Assim, a mesma sabedoria primitiva que constitui os pensamentos fundamentais do bramanismo e do budismo, bem como do verdadeiro cristianismo (pelo qual não se deve entender o racionalismo otimista e judaico-protestante), também foi revelada por esse antiqüíssimo grego; com isso, completa-se o *consensus gentium*[b] a respeito. É provável que Empédocles, que os antigos geralmente descrevem como pitagórico, tenha recebido essa opinião de Pitágoras; sobretudo porque, no fundo, Platão, que igualmente ainda se encontrava sob a influência de Pitágoras, também compartilha dela. Empédocles adere do modo mais decisivo à doutrina da metempsi-

---

[a] Vale de lágrimas.
[b] Consenso dos povos.

cose, que está ligada a essa concepção de mundo. As passagens dos antigos, que, junto a seus próprios versos, prestam testemunho da concepção de mundo de Empédocles, encontram-se cuidadosamente compiladas em *Sturzii Empedocles Agrigentinus*.

Nos dogmas restantes desses filósofos pré-socráticos também podem ser comprovadas muitas verdades, das quais quero dar alguns exemplos.

Segundo a cosmogonia de KANT e LAPLACE – que, por meio das observações de HERSCHEL, recebeu uma confirmação efetiva *a posteriori* e que LORD ROSSE, com seu telescópio gigantesco, tenta novamente fazer vacilar, para consolo do clero inglês –, os sistemas planetários formam-se por condensação, a partir de nebulosas resplandecentes, que coagulam lentamente e depois circulam. A esse respeito, após milênios, ANAXÍMENES volta a ter razão, ao declarar que o ar e o vapor são os elementos fundamentais de todas as coisas (*Schol. in Arist.*). Mas, ao mesmo tempo, EMPÉDOCLES e DEMÓCRITO recebem confirmação, pois, como LAPLACE, já haviam explicado a origem e a constituição do mundo a partir de um vórtice, δινη[a] (Arist., *Opera*, ed. Berol., e *Scholia*). Até mesmo ARISTÓFANES (*Nubes*) escarnece a respeito como se se tratasse de sacrilégio, exatamente como hoje fazem os padres ingleses em relação à teoria de Laplace, que, nesse caso, como em toda verdade que é revelada, sentem-se contrariados, ou melhor, temem por suas prebendas. Na ver-

---

[a] Turbilhão.

dade, até nossa estoquiometria[a] química reconduz, em certa medida, à filosofia dos números de Pitágoras: τα γαρ παθη και αἱ ἑξεις των αριθμων των εν τοις ουσι παθων τε και ἑξεων αιτια, οἱον το διπλαδιον, το επιτριτον, και ἡμιολιον[b] (*Schol. in Arist.*). É sabido que o sistema copernicano foi antecipado pelos PITAGÓRICOS; aliás, era sabido do próprio Copérnico. Mas até mesmo as descobertas de FOURIER e CORDIER sobre o calor no interior da Terra são confirmações da doutrina dos pitagóricos: ελεγον δε Πυθαγορειοι πυρ ειναι δημιουργικον περι το μεσον και κεντρον της γης, το αναθαλπουν την γην και ζωοποιουν[c] (*Schol. in Arist.*). E se, justamente como conseqüência dessas descobertas, a crosta terrestre é vista hoje como uma fina camada entre dois meios (atmosfera e metais e metalóides quentes e fluidos), cujo contato deve causar um incêndio que a aniquilará, isso confirma a opinião de que o mundo será, por fim, consumido pelo fogo; uma opinião sobre a qual todos os antigos filósofos concordam e da qual também os HINDUS compartilham (*Lettres édifiantes*, ed. de 1819, vol. 7). Merece igualmente ser notado o fato de que, como se pode concluir a

---

[a] Teoria da composição quantitativa de ligações químicas e do cálculo matemático de transformações químicas.

[b] Com efeito, as características e os comportamentos dos números são as causas das características e dos comportamentos das coisas, como, por exemplo, o dobro, 4/3 e 3/2.

[c] Como disseram os pitagóricos, haveria um fogo demiúrgico no meio e no centro da Terra, aquecendo-a e vivificando-a.

partir de Aristóteles (*Metaph.*, I, 5), os pitagóricos, sob a designação de δεκα αρχαι[a], já haviam concebido o *yin-yang* dos chineses.

Que a metafísica da música, tal como a apresentei em minha obra principal (vol. 1, § 52, e vol. 2, cap. 39), possa ser considerada uma interpretação da filosofia dos números de Pitágoras foi algo que já esbocei brevemente nesse trabalho e que pretendo esclarecer com mais detalhes aqui. Para tanto, suponho que o leitor tenha presentes as passagens já citadas. Segundo elas, a MELODIA expressa todos os movimentos da vontade, tal como ela se manifesta na autoconsciência humana, ou seja, todos os afetos, os sentimentos etc. Em contrapartida, a HARMONIA indica a escala da objetivação da vontade na natureza restante. Nesse sentido, a música é uma segunda realidade, que corre de modo totalmente paralelo à primeira, porém, de resto, é de natureza e constituição bastante diferentes; ou seja, tem uma analogia perfeita, mas nenhuma semelhança com ela. No entanto, a música, COMO TAL, existe apenas em nosso nervo auditivo e em nosso cérebro. Externamente ou EM SI (entendido no sentido de LOCKE), compõe-se de meras relações numéricas, a saber, primeiramente conforme sua quantidade, com respeito ao compasso, e, depois, conforme sua qualidade, com respeito às notas da escala musical, que se baseiam nas relações aritméticas das vibrações. Ou, em outras palavras,

---

[a] Dez princípios.

a música compõe-se de relações numéricas tanto em seu elemento rítmico quanto em seu elemento harmônico. Sendo assim, toda a essência do mundo, como microcosmo ou macrocosmo, sem dúvida deve expressar-se por meio de meras relações numéricas e, portanto, reduzir-se a elas em certa medida. Nesse sentido, Pitágoras teria então razão em colocar a verdadeira essência das coisas nos números. Mas o que são os números? Relações de sucessão, cuja possibilidade reside no TEMPO.

Quando se lê o que foi dito a respeito da filosofia dos números dos pitagóricos nos escólios a Aristóteles, pode-se chegar à suposição de que o uso tão estranho e enigmático da palavra λογος, que beira o absurdo, no início do Evangelho atribuído a João, bem como em suas analogias anteriores em Fílon, derivam da filosofia pitagórica dos números, a saber, do significado da palavra λογος no sentido aritmético, como relação numérica, *ratio numerica*, pois tal relação, segundo os pitagóricos, constitui a essência mais íntima e indestrutível de todo ser, portanto, é seu princípio primeiro e originário, αρχη[a], segundo o qual, para todas as coisas valeria εν αρχη ην ὁ λογος[b]. A esse respeito, deve-se levar em conta que Aristóteles (*De anima*, I, 1) diz: τα παθη λογοι ενυλοι εισι, *et mox*: ὁ μεν γαρ λογος ειδος του πραγματος[c]. Isso nos

---

[a] Princípio.

[b] No princípio era a Palavra.

[c] "As paixões são razões materiais"; e, em seguida, "a razão é a forma da coisa".

lembra a λογος σπερματικος[a] dos estóicos, à qual retornarei em breve.

Segundo a biografia de PITÁGORAS escrita por Jâmblico, o primeiro recebeu sua formação sobretudo no Egito, onde residiu dos 22 aos 56 anos, e nomeadamente dos sacerdotes. Retornando com 56 anos à terra natal, teve de fato a intenção de fundar uma espécie de Estado sacerdotal, uma imitação das hierarquias dos templos egípcios, ainda que com as modificações necessárias para os gregos. Não teve êxito em sua pátria, Samos, mas, em certa medida, saiu-se bem em Cróton. Como a cultura e a religião egípcias sem dúvida provinham da Índia, explica-se o preceito de Pitágoras para a abstenção do alimento animal, especialmente a proibição do abate de bois (Jâmbl., *Vit. Pyth.*, cap. 28, § 150), bem como o cuidado recomendado em relação a todos os animais, sua doutrina da metempsicose, suas roupas brancas, sua eterna conduta misteriosa, que deu origem aos ditos simbólicos e estendeu-se até mesmo a teoremas matemáticos; além disso, explicam-se ainda o estabelecimento de uma espécie de casta sacerdotal, com disciplina rigorosa e muito cerimonial, a adoração do Sol (cap. 35, § 256) e tantas outras coisas. Creio, portanto, que a sabedoria e o conhecimento de Pitágoras, que por certo devem ser altamente apreciados, consistiram menos naquilo que ele imaginara do que naquilo que aprendera, ou seja, eram menos

---

[a] Razão seminal.

próprios do que alheios. Do contrário, ele os teria escrito para salvar seus pensamentos da extinção. Por outro lado, o que aprendera de outros permaneceu seguro em sua fonte.

§ 3
SÓCRATES

A sabedoria de SÓCRATES é um artigo de fé filosófico. É evidente que o Sócrates platônico é uma pessoa ideal e, portanto, poética, que exprime pensamentos platônicos; já no Sócrates xenofôntico não há muita sabedoria a ser encontrada. Segundo Luciano (*Philopseudes*, 24), Sócrates teria uma grande barriga, que não está entre as características que distinguem o gênio. Todavia, no que concerne às elevadas capacidades intelectuais, pode-se levantar a mesma dúvida em relação a todos aqueles que não escreveram e, portanto, também em relação a Pitágoras. Um grande espírito precisa reconhecer gradualmente sua vocação e sua posição perante a humanidade e, por conseguinte, conscientizar-se de que pertence não ao rebanho mas aos pastores, quero dizer, aos educadores do gênero humano. No entanto, a partir disso, ficará clara para ele a obrigação de não limitar sua influência imediata e assegurada à minoria, que o acaso aproxima dele, mas estendê-la para a humanidade, para que nela ela possa alcançar as exceções, os excelentes e, portanto, os raros. Porém, o único órgão com o qual se fala à HUMANIDADE é a escrita; oralmente fala-se apenas a um número de indivíduos. Por isso, o que é dito dessa forma permanece assunto privado em relação à humanidade. Pois, na maioria das vezes, tais indivíduos são para a nobre semente um solo ruim, no qual ou não cresce nada, ou o que é produzido degenera rapidamente; portanto, a própria semente tem de ser preservada. No entanto, isso não acontece por tradição, que é falsificada a cada passo, mas apenas pela escrita, essa única guardiã fiel dos pensamentos. Além disso, todo profundo pensador tem necessariamente o impulso, para sua própria satisfação, de segurar seus pensamentos e reduzi-los à maior clareza e precisão possíveis e, por conseguinte, encarná-los em palavras. Porém, isso ocorre com perfeição antes de tudo por meio da escrita, pois o relato escrito é essencialmente diferente do oral, na medida em que apenas ele admite a mais elevada precisão, concisão e uma brevidade significativa, transformando-se conseqüentemente num puro éctipo* do pensamento. Por todas essas razões, seria uma estranha presunção num pensador querer deixar sem uso a mais importante invenção do gênero humano. Por isso, é-me difícil acreditar no intelecto verdadeiramente grande daqueles que não escreveram;

---

* "Termo introduzido pelos platônicos de Cambridge para indicar a natureza como algo diferente e dependente de Deus e como princípio da ordem e da regularidade do mundo [...]" (ABBAGNANO, Nicola. *Dicionário de filosofia*, São Paulo, Martins Fontes, 2003). (N. da T.)

estou mais propenso a considerá-los sobretudo como heróis práticos, que agiram mais com seu caráter do que com sua cabeça. Os sublimes autores dos *Upanixades* dos *Vedas* escreveram, embora os *Sanhita* dos *Vedas*, que consistem em meras orações, tenham se propagado no início apenas oralmente.

Entre SÓCRATES e KANT podem ser indicadas muitas semelhanças. Ambos rejeitam todo dogmatismo, ambos reconhecem uma completa ignorância em matéria de metafísica, e sua particularidade reside na clara consciência dessa ignorância. Ambos afirmam que, por outro lado, o prático, aquilo que o homem tem de fazer e não fazer, é totalmente certo e especialmente por si mesmo, sem nenhuma outra fundamentação teórica. Ambos têm o mesmo destino, uma vez que seus sucessores imediatos e discípulos declarados se desviaram deles justamente nesses fundamentos e, elaborando a metafísica, estabeleceram sistemas totalmente dogmáticos. Além disso, tiveram o mesmo destino na medida em que esses sistemas se mostraram bastante distintos, e, no entanto, todos concordam ao afirmar que partiram da doutrina de Sócrates ou da de Kant. Como eu próprio sou kantiano, quero aqui indicar minha relação com ele usando poucas palavras. Kant ensina que nada podemos saber além da experiência e de sua possibilidade. Admito isso, porém afirmo que a própria experiência, em sua totalidade, é capaz de uma interpretação, e tentei fazer essa interpretação decodificando-a como se fosse um texto, mas não como todos os filósofos anteriores, que tentaram sair dela por meio de suas meras formas, o que o próprio Kant havia apontado como inadmissível.

A vantagem do MÉTODO SOCRÁTICO, do modo como o conhecemos a partir de Platão, consiste em fazer com que o colocutor, ou oponente, admita, isoladamente, os fundamentos das proposições, que se tentava demonstrar, antes que ele perceba suas conseqüências; pois, em contrapartida, a partir de uma exposição didática, em discurso continuado, ele terá a oportunidade de reconhecer imediatamente como tais as conseqüências e os fundamentos e, portanto, atacá-los se esses não lhe agradarem. Entretanto, uma das coisas que Platão quis impor a nós é que, com a aplicação desse método, os sofistas e outros tolos deixaram com toda serenidade que Sócrates provasse que o eram. Isso nem chega a ser concebível. Ao contrário, por volta da última quarta parte do caminho ou, de modo geral, tão logo perceberam onde ele iria levar, os sofistas teriam arruinado o jogo tão bem planejado por Sócrates e rasgado sua rede com digressões, ou negando o que havia sido dito anteriormente, ou com equívocos intencionais e o que mais pudesse ser aplicado instintivamente pela desonestidade obstinada, como artimanhas e trapaças. Ou então ter-se-iam tornado tão grosseiros e insultantes, que ele teria julgado prudente salvar sua pele em algumas ocasiões. Pois, como os sofistas não conheceriam o meio pelo qual todos podem igualar-se a todos e até equilibrar instantaneamente a maior desigualdade intelectual, ou seja, o insulto? Por isso, a natureza inferior sente-se até mesmo instintivamente exortada a insultar, tão logo começa a detectar uma superioridade intelectual.

§ 4
PLATÃO

Já em Platão encontramos a origem de certa falsa dianoiologia*, que é apresentada com uma secreta intenção metafísica, a saber, com o objetivo de uma psicologia racional e de uma doutrina da imortalidade dependente dela. Essa mostrou ser uma doutrina falsa da vida mais resistente, pois prolonga sua existência por meio de toda a filosofia antiga, medieval e moderna, até que KANT, o demolidor de tudo, finalmente a derrubou. A doutrina referida aqui é o racionalismo da teoria do conhecimento, com uma finalidade metafísica. Pode ser brevemente resumida como segue. O cognoscente em nós é uma substância imaterial, fundamentalmente diferente do corpo e chamada de alma; em contrapartida, o corpo é um obstáculo para o conhecimento. Por isso, todo conhecimento mediado pelos sentidos é enganador; o único co-

---

* "É assim que Lambert denominou a primeira das quatro partes do seu *Novo Organon* (1764), mais precisamente a que estuda as leis formais do pensamento. [...]" (ABBAGNANO, Nicola, *op. cit.*). (N. da T.)

nhecimento verdadeiro, correto e certo é aquele livre e distante de toda sensibilidade (portanto, de toda intuição), em outros termos, o PENSAMENTO PURO, isto é, o ato de operar exclusivamente com conceitos abstratos. Pois a alma realiza essa operação inteiramente com recursos próprios; por conseguinte, ela tem mais êxito depois que se desprende do corpo, ou seja, quando estamos mortos. Destarte, nesse caso, a dianoiologia está entregue à psicologia racional, para os fins de sua doutrina da imortalidade. Essa doutrina, conforme a resumi aqui, é encontrada detalhada e claramente no capítulo 10 de *Fédon*. É concebida de maneira um tanto diferente no *Timeu*, a partir do qual Sexto Empírico a expõe com bastante evidência e precisão nas seguintes palavras: Παλαια τις παρα τοις φυσικοις κυλιεται δοξα περι του τα ὁμοια των ὁμοιων ειναι γνωριστικα. *Mox:* Πλατων δε, εν τῳ Τιμαιῳ, προς παραστασιν του ασωματον ειναι την ψυχην, τῳ αυτῳ γενει της αποδειξεως κεχρηται. Ει γαρ ἡ μεν ὁρασις, φησι, φωτος αντιλαμβανομενη, ευθυς εστι φωτοειδης, ἡ δε ακοη αερα πεπληγμενον κρινουσα, ὁπερ εστι την φωνην, ευθυς αεροειδης θεωρειται, ἡ δε οσφρησις ατμους γνωριζουσα παντως εστι ατμοειδης, και ἡ γευσις χυλους, χυλοειδης· κατ' αναγκην και ἡ ψυχη τας ασωματους ιδεας λαμβανουσα, καθαπερ τας εν τοις αριθμοις και τας εν τοις περασι των σωματων (portanto, matemática pura) γινεται τις ασωματος (*Adv. Math.*, VII, 116 e 119) (*Vetus quaedam, a physicis usque probata, versatur opinio, quod similia similibus cognoscantur. – Mox: Plato, in Timaeo, ad probandum, animam esse incorpoream, usus est eodem genere demonstrationis: "nam si visio", inquit, "apprehendens lucem statim est luminosa, auditus autem aërem percussum judicans, nempe vocem, protinus cernitur ad aëris accedens speciem, odoratus autem cognoscens vapores, est omnino vaporis aliquam habens formam, et gustus, qui humores, humoris habens speciem; necessario et anima, ideas suscipiens incorporeas, ut quae sunt in numeris et in finibus corporum, est incorporea")*[a].

Ao menos hipoteticamente, o próprio Aristóteles admite essa argumentação, pois no primeiro livro, do *De anima* (cap. 1), diz que a existência separada da alma seria determinada se a esta última coubesse alguma manifestação, da qual o corpo não tomasse parte; tal manifestação pareceria ser sobretudo o pensamento. No entanto, mesmo ESSE não seria possível sem intuição nem imaginação; desse modo, tampouco poderia realizar-se sem o corpo (ει δε εστι και το νοειν φαντασια τις, η μη ανευκ

---

[a] "Há uma velha opinião, sustentada pelos físicos, segundo a qual os semelhantes são conhecidos pelos semelhantes. A propósito, Platão, no *Timeu*, para provar que a alma é incorpórea, serve-se desse mesmo gênero de demonstração: 'pois – diz ele –, se a visão, que apreende a luz, ilumina-se de imediato; se a audição, que julga o ar percutido, isto é, a voz, imediatamente se mostra como uma espécie de ar; se o olfato, que conhece vapores, tem uma certa forma de vapor; e o gosto, que, conhecendo os humores, tem a espécie de humor; necessariamente a alma, que recebe as idéias incorpóreas, como as que são nos números e nos limites dos corpos' (portanto, a Matemática pura), 'é incorpórea'."

φαντασιας, ουκ ενδεχοιτ' αν ουδε τουτο ανευ σωματος ειναι[a]). Porém, Aristóteles não admite nem mesmo aquela condição mencionada anteriormente, ou seja, a premissa da argumentação, na medida em que ensina aquilo que, mais tarde, foi formulado na sentença *nihil est in intellectu, quod non prius fuerit in sensibus*[b] (a esse respeito, ver *De anima*, III, 8). Por conseguinte, compreendeu que tudo o que foi concebido de modo puro e abstrato tomou emprestado toda a sua matéria e seu conteúdo primeiramente do que foi intuído. Isso também perturbou os escolásticos. Por isso, já na Idade Média, preocuparam-se em demonstrar que existem CONHECIMENTOS RACIONAIS PUROS, ou seja, pensamentos que não teriam nenhuma relação com imagens e, portanto, um pensamento que toma toda a sua matéria de si mesmo. Os esforços e as controvérsias sobre esse ponto encontram-se reunidos em Pomponácio, *De immortalitate animi*, que tirou seu principal argumento dele. Para satisfazer o requisito já mencionado, devem servir os *universalia*[c] e os conhecimentos *a priori*, concebidos como *aeternae veritates*[d]. O modo como DESCARTES e sua escola conduziram o assunto já foi exposto por mim com detalhada obser-

---

[a] Se o pensamento é um tipo de imagem, ou se não pode subsistir sem imagem, então também não poderá existir sem o corpo.

[b] Nada há no intelecto que primeiro não tenha sido nos sentidos.

[c] Universais.

[d] Verdades eternas.

vação no § 6 de minha obra premiada sobre o fundamento da moral, em que também citei as próprias palavras do cartesiano DE LA FORGE, que merecem ser lidas. Como regra, encontramos justamente as falsas teorias de todos os filósofos, expressas com máxima clareza por seus discípulos, pois esses não estão preocupados, como seus mestres, em manter obscuros, tanto quanto possível, os aspectos de seu sistema que podem denunciar suas fraquezas, uma vez que ainda não têm maldade. Todavia, ESPINOSA já opôs a todo o dualismo cartesiano sua doutrina, segundo a qual *substantia cogitans et substantia extensa una eademque est substantia, quae jam sub hoc, jam sub illo attributo comprehenditur*[a], e desse modo mostrou sua grande superioridade. Em contrapartida, LEIBNIZ permaneceu com obediência no caminho de Descartes e da ortodoxia. Mas depois isso suscitou o empenho, tão salutar para a filosofia, do excelente LOCKE, que, por fim, lançou-se na pesquisa da ORIGEM DOS CONCEITOS e fez do princípio *no innate ideas* (não existem conceitos inatos), após exaustiva discussão, a base de sua filosofia. Os franceses, para os quais sua filosofia foi apresentada por CONDILLAC, logo foram longe no assunto, embora, pela mesma razão, formulando o princípio *penser est sentir** e insistindo nele. Tomado de modo

---

[a] A substância pensante e a substância extensa são uma e mesma substância, a qual é compreendida ora sob este, ora sob aquele atributo.

* Pensar é sentir. (N. da T.)

absoluto, esse princípio é errôneo; no entanto, há nele a verdade de que todo pensamento em parte pressupõe o sentir como ingrediente da intuição, que lhe fornece sua matéria, e em parte, tanto quanto o sentir, é condicionado por órgãos corporais, a saber: do mesmo modo como o sentir é condicionado pelos nervos sensoriais, o pensamento é condicionado pelo cérebro, e ambos constituem uma atividade nervosa. Todavia, mesmo a escola francesa não sustenta essa sentença por si só e com tanta firmeza, mas igualmente com intenção metafísica e até materialista. Exatamente do mesmo modo, os opositores platônicos, cartesianos e leibnizianos, igualmente apenas com intenção metafísica, sustentaram o princípio errôneo de que somente o conhecimento correto das coisas consiste no pensamento puro, a fim de provar a imaterialidade da alma. KANT foi o único a conduzir à verdade, desviando-se desses dois caminhos errados e de uma disputa, na qual ambas as partes na realidade não procedem honestamente, uma vez que afirmam a dianoiologia, mas dirigem-se à metafísica e, portanto, falseiam a dianoiologia. Sendo assim, diz KANT: "Certamente há conhecimento racional puro, ou seja, conhecimentos *a priori*, que precedem toda experiência, e, por conseguinte, também um pensamento, que não deve sua matéria a nenhum conhecimento intermediado pelos sentidos." Contudo, embora não tenha sido criado A PARTIR da experiência, justamente esse conhecimento *a priori* só tem valor e validade COM A FINALIDADE da experiência. Pois esta última nada mais é do que a conscientização de nosso próprio APARATO DE CONHECIMENTO e de sua estrutura (função cerebral) ou, segundo expressa Kant, a FORMA da própria consciência cognoscente, que só recebe sua MATÉRIA do conhecimento empírico, que, por sua vez, aparece por meio da impressão sensorial. Sem ele, essa forma é vazia e inútil. Precisamente por isso, sua filosofia é chamada de CRÍTICA DA RAZÃO PURA. Destarte, toda a psicologia metafísica cai por terra e, com ela, toda atividade pura da alma, sustentada por Platão. Pois vemos que o conhecimento, sem a intuição intermediada pelo corpo, não tem matéria; que, portanto, sem o pressuposto do corpo, o cognoscente, como tal, nada mais é além de uma forma vazia; para não falar que todo pensamento é uma função fisiológica do cérebro, exatamente como a digestão é uma função do estômago.

Sendo assim, se a instrução de PLATÃO de separar o conhecimento e preservá-lo de toda comunhão com o corpo, os sentidos e a intuição prova ser inoportuna, equivocada e até impossível, podemos, no entanto, considerar minha doutrina como sua analogia retificada, segundo a qual apenas o conhecimento purificado de toda comunhão com a VONTADE, ainda que permaneça intuitivo, alcança a mais elevada objetividade e, portanto, a perfeição. A esse respeito, remeto ao terceiro livro de minha obra fundamental.

§ 5
ARISTÓTELES

Como característica fundamental de Aristóteles, poder-se-ia indicar a extrema sagacidade, combinada com circunspecção, capacidade de observação, versatilidade e falta de profundidade. Sua visão de mundo é superficial, embora engenhosamente elaborada. A profundidade encontra sua matéria em nós próprios; a sagacidade tem de obtê-la a partir de fora, a fim de ter dados. Todavia, naquela época, os dados empíricos eram, em parte, pobres, em parte até mesmo falsos. Por isso, atualmente, o estudo de Aristóteles não é muito profícuo, enquanto o de Platão assim permanece no mais alto grau. Naturalmente, a censurada falta de profundidade em Aristóteles torna-se mais visível na *Metafísica*, em que a mera sagacidade não é suficiente como alhures. Por conseguinte, nessa obra, ela é ao menos satisfatória. Sua METAFÍSICA é, em grande parte, um discurso oscilante sobre os filosofemas de seus antecessores, que ele critica e refuta a partir de seu próprio ponto de vista, geralmente segundo declarações isoladas deles, sem realmente penetrar seu sentido, e sim como alguém que arromba a janela a partir de fora. Ele apresenta poucos dogmas próprios, ou nenhum, pelo menos não os relaciona. É um mérito acidental o fato de devermos à sua polêmica uma grande parte de nosso conhecimento dos filosofemas mais antigos. Na maioria das vezes, é hostil a Platão, justamente quando este último tem toda razão. As "idéias" de Platão chegam continuamente à sua boca como algo que ele não pode digerir: está decidido a não admitir sua validade. Há sagacidade suficiente nas ciências experimentais, o que faz com que Aristóteles disponha de uma tendência empírica preponderante. Porém, como desde aquela época o empirismo fez tais progressos, de modo que se relaciona com seu estado anterior assim como a idade viril se relaciona com os anos da infância, atualmente as ciências experimentais não podem ser diretamente muito fomentadas por seu estudo, mas sim de maneira indireta pelo método e pela postura realmente científica, que o caracteriza e que por ele foi estabelecida no mundo. Todavia, na zoologia, ele ainda é de uso direto, pelo menos em seus pormenores. Mas, de modo geral, sua orientação empírica faz com que ele tenda a estender-se. Desse modo, ele se afasta com tanta facilidade e freqüência da linha de pensamento que havia tomado, que praticamente é incapaz de seguir qualquer seqüência de pensamentos por muito tempo e até o final; mas é justamente nisso que consiste o pensar PROFUNDO. Em contrapartida, levanta problemas por toda parte, porém só alude a eles e logo passa para outros, sem resolvê-los nem sequer discuti-los a fundo. Por essa razão, seu leitor freqüentemente pensa: "Agora vem o que interessa"; mas nada vem e, quando ele levanta um problema e o persegue por um breve percurso, muitas vezes a verdade parece equilibrar-se na ponta de sua língua. Entretanto, subitamente ele já está em outro assunto e nos deixa em dúvida. Pois não consegue segurar nada, e sim pular daquilo que está tratando para algo diferente que lhe ocorre, exatamente como uma criança que deixa um brinquedo de lado para pegar outro que acaba de ver. Esse é o lado fraco de seu espírito: a vivacidade da superficialidade. Isso explica que, embora Aristóteles tivesse uma inteligência altamente sistemática, pois a separação e a classificação das ciências partiram dele, sua exposição em geral carece de ordenação sistemática, e nela ficamos sem o progresso metódico e até sem a separação do heterogêneo nem a combinação do homogêneo. Ele trata das coisas como elas lhe ocorrem, sem refletir sobre elas previamente nem traçar um esquema claro: pensa com a pena na mão, o que, aliás, é um grande alívio para o escritor, mas uma grande fadiga para o leitor. Eis a razão para a falta de planejamento e para a insuficiência de sua exposição; eis a razão para ele voltar cem vezes ao mesmo assunto, pois entrementes algo diferente lhe ocorreu; eis a razão para ele não conseguir fixar-se numa questão, mas sim desviar-se cada vez mais do tema; para levar na conversa, conforme descrito acima, o leitor ansioso pela solução dos problemas levantados; para ele começar repentinamente sua pesquisa sobre um tema desde o começo com λαβωμεν ουν αλλην αρχην της σκεψεως[a], depois de ter dedicado várias páginas a ele, e isso seis

[a] Tomemos, então, outro princípio para a pesquisa.

vezes no mesmo texto; para a sentença *quid feret hic tanto dignum promissor hiatu*[a] adequar-se tão bem a tantos exórdios de seus livros e capítulos; em suma, eis a razão para ele ser confuso e insuficiente com tanta freqüência. Excepcionalmente, porém, agiu de modo diferente. Por exemplo, os três livros da *Retórica* são quase sempre um modelo do método científico; aliás, mostram uma simetria arquitetônica que deve ter sido o protótipo da kantiana.

A antítese radical de Aristóteles, tanto no modo de pensar como na exposição, é PLATÃO. Este mantém com firmeza seus principais pensamentos; com mãos-de-ferro persegue seu fio, por mais fino que seja, em todas as suas ramificações, pelos labirintos dos mais longos diálogos, e volta a encontrá-lo após todos os episódios. Nisso vemos que, antes de começar a escrever, examinou a fundo e amadureceu seus temas, bem como esboçou uma ordenação fabricada para sua exposição. Destarte, todo diálogo é uma obra de arte perfeitamente planejada, cujas partes, em sua totalidade, têm uma conexão bem calculada que, muitas vezes, esconde-se intencionalmente por um certo tempo, e cujos episódios freqüentes reconduzem automaticamente e, em geral, de maneira inesperada aos principais pensamentos doravante esclarecidos por ela. Platão sempre soube, no sentido completo da palavra, o que queria e tencionava, embora na maioria dos casos não conduzisse os problemas a uma

---

[a] "Como sustentar uma tal promessa?"

solução definitiva, mas se desse por satisfeito em discuti-los a fundo. Por isso, não nos devemos admirar muito se, conforme atestam alguns relatos, especialmente em Eliano (*Var. hist.*, III, 19, IV, 9 etc.), entre Platão e Aristóteles apresentaram-se desarmonias pessoais significativas, bem como se vez por outra Platão fez pouco de Aristóteles, com cujos rodeios, divagações e digressões, que justamente tinham origem em sua polimatia, Platão antipatizava. O poema de Schiller "Breite und Tiefe"* pode ser aplicado à antítese entre Aristóteles e Platão.

Apesar dessa tendência empírica do intelecto, Aristóteles não era um empírico conseqüente e metódico. Por isso, teve de ser derrubado e banido pelo verdadeiro pai do empirismo, BACON DE VERULAM. Quem realmente quiser entender em que sentido e por que esse é o adversário que superou Aristóteles e seu método deverá ler os livros de Aristóteles *De generatione et corruptione*. Neles encontrará de fato os sofismas *a priori* sobre a natureza, que querem compreender e explicar seus processos a partir de meros conceitos. Um exemplo particularmente flagrante é dado pelo livro II, capítulo 4, em que se constrói uma química *a priori*. Em contrapartida, Bacon surge com o conselho de transformar em fonte de conhecimento da natureza não o abstrato, mas o intuitivo, a experiência. O resultado brilhante dessa tentativa é o atual estado elevado das ciências naturais, a partir das quais

---

* Amplidão e profundidade. (N. da T.)

olhamos para baixo, com um sorriso de compaixão, para esses tormentos aristotélicos. A esse respeito, é bastante notável que os livros de Aristóteles há pouco mencionados permitem conhecer com a máxima clareza até mesmo a origem da escolástica, ou melhor, seu método caviloso e loquaz. Com o mesmo objetivo, os livros *De coelo* também são muito úteis e, portanto, dignos de ser lidos. Já os primeiros capítulos são uma autêntica amostra do método de querer conhecer e determinar, a partir de meros conceitos, a essência da natureza, e, nesse caso, o fracasso é evidente. No capítulo 8, demonstra-se, a partir de meros conceitos e *loci communes*[a], que não existem vários mundos, e, no capítulo 12, especula-se igualmente sobre o curso das estrelas. Trata-se de uma conseqüente sutilização a partir de conceitos errôneos, uma dialética da natureza totalmente singular, que tenta decidir *a priori*, a partir de certos princípios universais que devem exprimir o racional e o conveniente, como a natureza deve ser e proceder. Quando vemos que uma inteligência tão grande, aliás estupenda, como a de Aristóteles, apesar de tudo, permaneceu tão profundamente enredada em erros desse tipo, que afirmaram sua validade até alguns séculos atrás, antes de mais nada fica claro o quanto a humanidade deve a Copérnico, Kepler, Galileu, Bacon, Robert Hook e Newton. Nos capítulos 7 e 8 do segundo livro, Aristóteles apresenta-nos sua ordena-

---

[a] Lugares-comuns.

ção do céu, completamente absurda: as estrelas encontram-se firmemente cravadas na esfera oca e giratória; o Sol e os planetas, em outras semelhantes e mais próximas; o atrito na rotação provoca luz e calor; a Terra é explicitamente imóvel. Tudo isso poderia passar se antes não tivesse existido nada melhor. Mas, quando ele próprio, no capítulo 13, nos apresenta as opiniões totalmente corretas dos pitagóricos sobre a forma, a posição e o movimento da Terra, a fim de rejeitá-las, inevitavelmente isso desperta nossa indignação. E ela aumentará ao vermos, a partir de sua freqüente polêmica contra Empédocles, Heráclito e Demócrito, que todos eles tiveram idéias muito mais corretas sobre a natureza e observaram melhor a experiência do que esse falador superficial que temos diante de nós. EMPÉDOCLES já havia até ensinado sobre uma força tangencial que surge a partir da rotação e age em sentido oposto à gravidade (II, 1 e 13, bem como os escólios). Muito distante de ser capaz de avaliar devidamente tais coisas, Aristóteles nem sequer admite os pareceres corretos desses antigos sobre o verdadeiro significado de "em cima" e "embaixo", mas aqui também adere à opinião do vulgo, que segue apenas uma aparência superficial (IV, 2). Todavia, há de se levar em conta que essas suas opiniões encontraram reconhecimento e difusão, suplantaram tudo o que era anterior e melhor e, assim, mais tarde, transformaram-se no fundamento de Hiparco e depois no sistema cosmológico de Ptolomeu, com o qual a humanidade teve de arrastar-se até o início do século XVI, certamente para grande vantagem dos dogmas religiosos judaico-cristãos, que, no fundo, são incompatíveis com o sistema cosmológico de Copérnico. A Igreja Católica logo reconheceu isso como correto. e, por conseguinte, perseguiu o sistema copernicano. Sendo assim, é tolice espantar-se tanto e deplorar com altos brados as atribulações de Galileu, pois *omnis natura vult esse conservatrix sui*[a]. Quem sabe se um conhecimento tácito ou pelo menos um pressentimento dessa congenialidade de Aristóteles com a doutrina da Igreja e do perigo por ele afastado não contribuíram para sua excessiva veneração na Idade Média? Quem sabe se muitos, estimulados pelos relatos de Aristóteles sobre os sistemas astronômicos mais antigos, não compreenderam em silêncio, muito antes de Copérnico, as verdades que este último, após muitos anos de hesitação e quando estava a ponto de partir do mundo, finalmente ousou proclamar?

§ 6
ESTÓICOS

Um conceito muito belo e profundo entre os ESTÓICOS é o da λογος σπερματικος, embora fossem desejáveis relatos mais detalhados a respeito do que aqueles que chega-

---

[a] Toda natureza quer conservar-se a si mesma.

ram a nós (Dióg. Laérc., VII, 136; Plut., *De plac. phil.*, I, 7; Stob., *Ecl.*, I). Porém, é claro que, com essa expressão, entende-se o que nos indivíduos sucessivos de uma espécie mantém e conserva sua forma idêntica, passando de um para o outro. Portanto, é como o conceito da espécie incorporado na semente. Bastante análogo a essa expressão é o conceito da *forma substantialis* dos escolásticos, pelo qual se entende o princípio interno do conjunto de todas as propriedades de cada ser natural. Sua antítese é a *materia prima*, a matéria pura, sem nenhuma forma nem qualidade. A alma humana é justamente sua *forma substantialis*. O que diferencia ambos os conceitos é que a λογος σπερματικος aplica-se apenas aos seres que vivem e se reproduzem, enquanto a *forma substantialis* também se aplica aos seres inorgânicos. De maneira semelhante, esta última visa, em primeiro lugar, aos indivíduos, ao passo que aquela tem em vista diretamente a espécie. Entretanto, ambas estão obviamente relacionadas à idéia platônica. Esclarecimentos sobre a *forma substantialis* são encontrados em Escoto Erigena, *De divis. nat.*, livro III, p. 139, da edição de Oxford; em Giordano Bruno, *Della causa*, dial. 3; e com detalhes nas *Disputationes metaphysicae*, de Suarez (*Disp.* 15, seção 1), esse autêntico compêndio de toda a sabedoria escolástica, com o qual é preciso travar conhecimento, e não na ampla bisbilhotice dos superficiais professores de filosofia alemães, essa quintessência de toda a insipidez e monotonia.

As dissertações de Arriano sobre a FILOSOFIA DE EPICTETO não fornecem nenhum esclarecimento fundamental sobre o verdadeiro espírito e os autênticos princípios da MORAL ESTÓICA. Ao contrário, esse livro é insatisfatório tanto na forma quanto no conteúdo. Em primeiro lugar, no que concerne à forma, falta-lhe todo rastro de método, de tratamento sistemático e até de progressão regular. Em capítulos dispostos sem ordem nem conexão entre si, repete-se incansavelmente que não se deve considerar nada daquilo que não for manifestação de nossa própria vontade e, portanto, que se deve considerar com total indiferença tudo o que, do contrário, move o homem. Essa é a αταραξια[a] estóica. Ou seja, εφ' ἡμιν[b] tampouco seria προς ἡμας[c]. Contudo, esse paradoxo colossal não deriva de nenhum princípio, e o mais extraordinário modo de pensar o mundo é exigido de nós sem que uma razão para tanto nos seja dada. Em vez disso, encontram-se declamações infinitas em expressões e locuções incansavelmente recorrentes. Pois as deduções daquelas máximas estranhas são expostas da maneira mais detalhada e vivaz e, por conseguinte, descreve-se de várias maneiras como o estóico constrói alguma coisa no mundo a partir do nada. Ao longo da exposição, quem for de opinião diferente é constantemente insultado como

---

[a] Imperturbabilidade.
[b] O que não é nosso.
[c] Não nos diz respeito.

escravo e tolo. Porém, em vão se espera a indicação de algum fundamento claro e convincente para se aceitar aquele estranho modo de pensamento, já que ele teria muito mais eficácia do que todas as declamações e os insultos de todo o volumoso livro. No entanto, com suas descrições hiperbólicas da equanimidade estóica, com seu panegírico incansavelmente repetido dos patronos protetores Cleantes, Crisipo, Zenão, Crates, Diógenes e Sócrates, bem como com suas invectivas contra todos os que pensavam de modo diferente, esse livro é um verdadeiro sermão de capuchinhos. Em conformidade com esse sermão certamente também se encontra toda a falta de planejamento e interesse da exposição. O que é indicado pelo título de um capítulo é apenas seu tema inicial. Na primeira oportunidade, passa-se para outro tema e, após o *nexus idearum*[a], a digressão fica ainda maior. Isso quanto à FORMA.

No que concerne ao CONTEÚDO, ainda que não se leve em conta a ausência de fundamento, ele tampouco é genuína e puramente estóico, mas sim tem uma forte mistura estranha, com sabor de fonte judaico-cristã. A prova mais irrefutável a esse respeito é o teísmo, que pode ser encontrado em todas as páginas e que também é portador da moral: o cínico e o estóico agem aqui por incumbência de Deus, cuja vontade é sua norma. Devotam-se a ele, depositam nele sua esperança e assim por diante.

---

[a] Nexo de idéias.

Tais coisas são completamente estranhas à Stoa genuína e primitiva. Nela, Deus e o mundo são a mesma coisa, e não se tem nenhum conhecimento de um deus semelhante a um homem que pense, queira, ordene e seja providente. Contudo, não apenas em Arriano, mas também na maioria dos escritores filosóficos pagãos dos primeiros séculos cristãos, vemos o teísmo judaico, que logo transparece como cristianismo e se transforma em crença popular, exatamente como hoje transparece nos textos dos eruditos o panteísmo originário da Índia, que mais tarde também estará destinado a passar para a crença popular. *Ex oriente lux*[a].

Pela razão já mencionada, a moral apresentada aqui tampouco é puramente estóica. Muitos de seus preceitos chegam a ser incompatíveis entre si. Sendo assim, por certo dessa moral não se pode estabelecer nenhum princípio básico comum. Do mesmo modo, o cinismo é completamente falsificado pela doutrina de que o cínico deve existir sobretudo por amor de outros, a saber, para influenciá-los com seu exemplo, como um mensageiro de Deus e intervindo em seus assuntos para governá-los. Por essa razão, diz-se: "Numa cidade apenas de sábios, nenhum cínico seria necessário." Diz-se ainda que ele deve ser saudável, forte e limpo, para não afugentar as pessoas. Quão distante está isso da auto-suficiência dos antigos e genuínos cínicos! Certamente Diógenes e Crates

---

[a] Do Oriente, a luz.

foram amigos íntimos e conselheiros de muitas famílias, mas isso era secundário e acidental, e de modo algum o objetivo dos cínicos.

Por conseguinte, a ARRIANO faltaram totalmente os verdadeiros pensamentos fundamentais do cinismo, como a ética estóica; parece até que ele nem chegou a sentir a necessidade deles. Ele prega a auto-renúncia justamente porque essa lhe agrada. E talvez lhe agrade apenas porque é difícil e contrária à natureza humana, enquanto pregar é fácil. Ele não buscou as razões para a auto-renúncia. Por isso, cremos estar ouvindo ora um asceta cristão, ora novamente um estóico. Pois certamente as máximas de ambos coincidem com freqüência, mas os princípios nos quais se baseiam são bem diferentes. Quanto a esse aspecto, remeto à minha obra principal (vol. 1, § 16, e vol. 2, cap. 16), em que, pela primeira vez, o verdadeiro espírito do cinismo e da Stoa é exaustivamente exposto.

A INCONSEQÜÊNCIA de Arriano aparece até mesmo de modo ridículo, uma vez que em sua descrição do perfeito estóico, repetida inúmeras vezes, ele diz: "Não censura ninguém; não reclama nem de Deus, nem dos homens; não repreende ninguém." No entanto, todo o seu livro, em grande parte, está escrito em tom de repreensão, que muitas vezes se converte em insultos.

Apesar de tudo, vez por outra podem-se encontrar no livro autênticos pensamentos estóicos, que Arriano ou Epicteto tiraram dos antigos estóicos. Do mesmo modo, o cinismo tem alguns de seus aspectos descritos com acerto e vivacidade. Também contém em algumas partes muito bom senso e descrições pertinentes, tiradas da vida de pessoas e suas ações. O estilo é fácil e fluente, mas muito prolixo.

Não acredito que o *Encheiridion* de Epicteto tenha sido igualmente redigido por Arriano, conforme F. A. Wolf nos assegurou em suas conferências. Tal obra tem muito mais engenho em poucas palavras do que as dissertações; demonstra senso comum do começo ao fim, nenhuma declaração vazia, nenhuma ostentação; é concisa e pertinente, bem como escrita num tom de amigo bem-intencionado que dá conselhos. Em contrapartida, na maioria das vezes as dissertações geralmente falam em tom de repreensão e censura. Em sua totalidade, o conteúdo de ambos os livros é o mesmo, só que o *Encheiridion* tem muito pouco do teísmo das dissertações. Talvez essa obra fosse o próprio compêndio de Epicteto, que ele ditava a seus ouvintes, enquanto as dissertações constituíam o caderno em que Arriano anotava os discursos livres de Epicteto, que serviam de comentário para aquela obra.

§ 7
NEOPLATÔNICOS

A leitura dos NEOPLATÔNICOS exige muita paciência, porque a todos eles faltam forma e exposição. Todavia, nesse aspecto, Porfírio é muito melhor do que os outros: é o único que escreve com clareza e coerência, de modo que o lemos sem aversão.

Por outro lado, o pior de todos é JÂMBLICO, cheio de superstição crassa e demonologia grosseira, além de ser obstinado. É bem verdade que tem outra, por assim dizer, visão esotérica da magia e da teurgia, mas suas explicações sobre elas são superficiais e insignificantes. No todo, é um escrevinhador muito fraco, limitado, excêntrico, grosseiro, supersticioso e confuso. Percebe-se claramente que o que ele ensina não derivou absolutamente de sua própria reflexão; trata-se, antes, de dogmas alheios, dos quais mal se entende a metade, porém sustentados de modo cada vez mais obstinado. Por isso, ele também é repleto de contradições.

PROCLO, por sua vez, é um falador superficial, prolixo e insípido. Seu comentário sobre o *Alcibíades* de Platão, um dos piores diálogos deste último e que também não deve ser autêntico, é a conversa mais prolixa e dispersa do mundo. Nela se fala interminavelmente de cada palavra de Platão, até da mais insignificante, e busca-se um sentido profundo. O que Platão disse mítica e alegoricamente é tomado no sentido próprio e estritamente dogmático, e tudo é convertido em superstição e teosofia. Contudo, não se pode negar que, na primeira metade desse comentário, aparecem alguns pensamentos muito bons, que certamente devem pertencer mais à escola do que a Proclo. Uma proposição até extremamente importante é aquela que conclui o *fasciculum primum partis primae*: αἱ των ψυχων εφεσεις τα μεγιστα συντελουσι προς τους βιους, και ου πλαττομενοις εξωθεν εοικαμεν, αλλ' εφ' ἑαυτων προβαλλομεν τας αἱρεσεις, καθ' ἁς διαζωμεν (*animorum appetitus [ante hanc vitam concepti] plurimam vim habent in vitas eligendas, nec extrinsecus fictis similes sumus, sed nostra sponte facimus electiones, secundum quas deinde vitas transigimus*)[a]. Por certo, isso tem sua raiz em Platão, mas também se aproxima da doutrina de Kant sobre o caráter inteligível e está muito acima das doutrinas superficiais e limitadas da liberdade da vontade individual, que sempre pode atuar dessa forma ou de outra. Sobre nossos professores de filosofia, que sempre têm em vista o catequismo, ainda hoje pesam essas doutrinas. Por sua parte, Agostinho e Lutero encontraram uma saída com a predestinação. Isso era bom para aqueles tempos de devoção, já que ainda havia quem se dispusesse, se fosse do agrado de Deus, a ir ao inferno em seu nome. No entanto, em nossa época, só se pode encontrar proteção junto à asseidade da vontade, e é preciso reconhecer, como fez Proclo, que ου πλαττομενοις εξωθεν εοικαμεν[b].

---

[a] Primeiro fascículo [capítulo] da primeira parte: "Os desejos dos espíritos (concebidos antes desta vida) têm a possibilidade de escolher entre muitas vidas; não nos assemelhamos a algo produzido extrinsecamente, mas, por nossa própria iniciativa, fazemos escolhas, segundo as quais caminhamos depois."

[b] Não nos assemelhamos a algo produzido extrinsecamente.

Finalmente, PLOTINO, o mais importante de todos, é muito desigual, e cada uma das *Enéadas* tem um valor e um conteúdo completamente distintos: a quarta é primorosa. Todavia, em grande parte, também nele a apresentação e o estilo são ruins. Seus pensamentos não são ordenados nem previamente considerados, mas escritos conforme lhe vinham à mente. Porfírio relata em sua biografia o modo descuidado e negligente com que Plotino se entregou à obra. Por isso, com freqüência sua prolixidade e sua confusão extensa e monótona vencem qualquer paciência, de modo que nos admiramos como essa desordem pôde chegar à posteridade. Na maioria das vezes, tem o estilo de um pregador e, assim como este prega o evangelho com trivialidade, ele apresenta a doutrina platônica, reduzindo a explícita seriedade prosaica o que Platão disse de forma mítica, aliás, quase metafórica, e ruminando por horas a fio os mesmos pensamentos, sem acrescentar nada a partir de seus próprios recursos. Além disso, procede revelando, e não demonstrando, e, assim, fala sempre *ex tripode*[a], conta as coisas tais como as concebe, sem se dar ao trabalho de fundamentá-las. E, no entanto, nele se encontram grandes, importantes e profundas verdades, que, por certo, ele também compreendeu. Pois de modo algum ele carece de conhecimento; portanto, merece ser lido inteiramente, e a paciência necessária para tanto é amplamente recompensada.

[a] A partir de um tripé.

Encontro a explicação para essas características contraditórias de Plotino no fato de que ele, como em geral os neoplatônicos, não é propriamente filósofo nem pensador autônomo*. Ao contrário, o que apresentam é uma doutrina tomada de outros, tradicional, porém geralmente bem digerida e assimilada por eles. Com efeito, trata-se de uma sabedoria indo-egípcia, que quiseram incorporar à filosofia grega e, como meio de conexão ou de transmissão adequado para tanto, ou ainda como *menstruum*, usaram a filosofia platônica, especialmente a parte que tende ao mítico. Toda a doutrina do Uno de Plotino mostra, em primeiro lugar e de maneira inegável, essa origem indiana, transmitida pelo Egito, dos dogmas neoplatônicos, conforme encontramos primorosamente exposto na quarta *Enéada*. Logo o primeiro capítulo do primeiro livro dessa obra, intitulado περι ουσιας ψυχης[a], fornece, de forma bastante breve, a principal doutrina de toda a sua filosofia sobre uma ψυχη[b], que originariamente era una e dividiu-se em muitas apenas por intermédio do mundo corporal. Especialmente interessante é o oitavo livro dessa *Enéada*, que mostra como aquela ψυχη entrou nesse estado de pluralidade por uma aspiração pecaminosa. Por conseguinte, ela carrega uma dupla culpa: em primeiro lugar, a de entrar nesse mundo;

----

* Em alemão, *Selbstdenker*, ou seja, aquele que pensa por si mesmo. (N. da T.)

[a] Sobre a essência da alma.

[b] Alma.

em segundo, suas ações pecaminosas nele. Pela primeira, ela paga em geral com a existência temporal; pela segunda, que é menor, com a metempsicose (cap. 5). Obviamente, esse é o mesmo pensamento do pecado original cristão e daquele particular. Porém, o mais digno de ser lido é o nono livro, cujo terceiro capítulo, intitulado ει πασαι αἱ ψυχαι μια[a], sobre a unidade da alma universal, explica, entre outras coisas, as maravilhas do magnetismo animal, especialmente o fenômeno, que hoje também pode ser observado, da sonâmbula que ouve a grande distância uma palavra pronunciada em voz baixa, o que certamente tem de ser intermediado por uma corrente de pessoas que estejam em relação com ela. Em Plotino chega a aparecer, provavelmente pela primeira vez na filosofia ocidental, o IDEALISMO, que havia muito já era corrente no Oriente, uma vez que ensina (*Enn.*, III, livro 7, cap. 10) que a alma teria feito o mundo, passando da eternidade para o tempo, com a seguinte explicação: ου γαρ τις αυτου τουδε του παντος τοπος, η ψυχή (*neque est alter hujus universi locus, quam anima*)[b]; aliás, a idealidade do tempo é pronunciada com as seguintes palavras: δει δε ουκ εξωθεν της ψυχης λαμβανειν τον χρονον, ὡσπερ ουδε τον αιωνα εκει εξω του οντος (*oportet antem nequaquam extra animam tempus accipere*)[c]. Aquele εκει (outro mundo) é o oposto de ενθαδε (este mundo) e um

---

[a] Se as almas são unas.

[b] Não há outro lugar, para este todo, senão a alma.

[c] Convém não admitir nenhum tempo fora da alma.

conceito muito familiar a ele, que ele explica com mais detalhes por meio do κοσμος νοητος e do κοσμος αισθητος, *mundus intelligibilis et sensibilis*[a], bem como por meio do τα ανω, και τα κατω[b]. A idealidade do tempo ainda contém ótimas explicações nos capítulos 11 e 12. A elas vincula-se o belo esclarecimento de que, em nosso estado temporal, não somos o que deveríamos e gostaríamos de ser. Por isso, sempre esperamos o melhor do futuro e aguardamos o preenchimento de nossas deficiências, o que dá origem ao futuro e à sua condição, o tempo (caps. 2 e 3). Outra prova da origem indiana nos é dada por JÂMBLICO (*De mysteriis*, seç. 4, caps. 4 e 5) em sua exposição da doutrina da metempsicose, bem como, na mesma obra (seç. 5, cap. 6), da doutrina da libertação e salvação finais dos vínculos de nascimento e morte, ψυχης καθαρσις, και τελειωσις, και ἡ απο της γενεσεως απαλλαγη, e (cap. 12) το εν ταις θυσιαις πυρ ἡμας απολυει των της γενεσεως δεσμων[c], portanto, aquela promessa, formulada em todos os livros religiosos da Índia, que em inglês é expressa pela *final emancipation* ou salvação. A isso há de se acrescentar por fim (*op. cit.*, seç. 7, cap. 2) o relato de um símbolo egípcio, que representa um deus criador, sentado na flor de lótus. Obviamente, tra-

---

[a] Mundo inteligível e sensível.

[b] O elevado e o inferior.

[c] A cartase da alma, e tanto sua perfeição, como sua libertação com relação ao devir; o fogo no sacrifício liberta dos grilhões do devir.

ta-se de Brahma, criador do mundo, que se senta na flor de lótus e brota do umbigo de Vishnu, conforme costuma ser representado, por exemplo, em Langlès, *Monuments de l'Hindoustan*, vol. 1; em Coleman, *Mythology of the Hindus*, quadro 5, entre outras obras. Esse símbolo, como prova segura da origem hindu da religião egípcia, é extremamente importante, bem como, no mesmo propósito, a informação fornecida por PORFÍRIO em *De abstinentia*, livro II, de que no Egito a vaca era sagrada e não podia ser abatida. Até mesmo a circunstância, contada por Porfírio em sua biografia de Plotino, de que este último, após ter sido discípulo de Amônio Saca por muitos anos, quis acompanhar o exército de Gordiano à Pérsia e à Índia, mas foi frustrado pela derrota e pela morte desse imperador, indica que a doutrina de Amônio era de origem indiana e que Plotino visava então extraí-la com mais pureza da mesma fonte.

§ 8
GNÓSTICOS

A FILOSOFIA CABALÍSTICA e a GNÓSTICA, em cujos fundadores, como judeus e cristãos, o monoteísmo arraigou-se antecipadamente, compõem-se de tentativas de eliminar a contradição patente entre a criação do mundo por um ser onipotente, de suma bondade e sabedoria, e a natureza triste e deficiente desse mesmo mundo. Por conseguinte, introduzem, entre o mundo e sua causa, uma série de seres intermediários, por cuja culpa surgiu um declínio e, por meio desse, o mundo. De certo modo, eles tiram a culpa do soberano e a passam para os ministros. Obviamente, esse procedimento já havia sido indicado pelo mito do pecado original, que, de modo geral, constitui o apogeu do judaísmo. Portanto, para os gnósticos, aqueles seres são o πληρωμα[a], os éons, a ὕλη[b], o demiurgo etc. A série foi aumentada ao gosto de cada gnóstico.

Todo esse procedimento é análogo àquele tentado pelos filósofos fisiológicos, que, para atenuar a contradição acarretada pela ligação admitida e pela influência mútua no homem de uma substância material e imaterial, inseriram essências intermediárias, como fluidos e éteres nervosos, espíritos vitais, entre outros semelhantes. Ambos escondem o que não se pode suprimir.

§ 9
ESCOTO ERIGENA

Esse homem admirável oferece-nos o interessante espetáculo da luta entre a verdade que se pode conhecer e contemplar de modo autônomo e os dogmas locais, fixados por uma precoce inoculação e que ultrapassaram

---
[a] Pleroma.
[b] Matéria.

toda dúvida, pelo menos todo ataque direto, e, ao mesmo tempo, oferece-nos a aspiração, oriunda disso tudo, de uma nobre natureza a reduzir de alguma forma à harmonia a dissonância assim produzida. Certamente, porém, isso só pode acontecer se os dogmas forem virados, girados e, caso necessário, distorcidos, até se ajustarem *nolentes volentes*[a] à verdade conhecida de maneira autônoma. Essa verdade permanece o princípio dominante; contudo, é forçada a aparecer numa roupagem estranha e até incômoda. Em seu grande trabalho, *De divisione naturae*, Erigena sabe como executar esse método com sucesso por toda parte, até finalmente querer aplicá-lo também à origem do mal e do pecado, bem como das torturas ameaçadoras do inferno; nesse ponto, seu método fracassa, e precisamente no otimismo, que é uma conseqüência do monoteísmo judaico. No quinto livro, ele ensina o retorno de todas as coisas a Deus e a unidade e a indivisibilidade metafísica de toda a humanidade e até de toda a natureza. E, então, pergunta-se: onde fica o pecado? Não pode estar em Deus. Onde está o inferno, com sua infinita tortura, conforme prometido? Quem está destinado a ele? A humanidade já está salva, e por completo. Nesse ponto, o dogma permanece insuperável. Erigena insinua-se de modo lamentável com sofismas prolixos que se reduzem a palavras e, por fim, é forçado a contradições e absurdos, sobretudo porque a questão

---

[a] Querendo ou não.

sobre a origem do pecado introduziu-se no assunto de maneira inevitável. No entanto, essa origem não pode residir nem em Deus, nem na vontade criada por ele, pois, do contrário, Deus seria o criador do pecado, o que Erigena compreende perfeitamente (p. 287 da *editio princeps*, Oxford, 1681). Nessa circunstância, é levado a absurdos: *malum incausale est,... penitus incausale et insubstantiale est*[a]*: ibid.* A razão mais profunda desses inconvenientes é que a doutrina da REDENÇÃO da humanidade e do mundo, que obviamente é de origem indiana, também pressupõe a doutrina indiana, segundo a qual a origem do mundo (a Samsara dos budistas) já é um mal, ou seja, uma ação pecaminosa do Brahma, que, na verdade, somos nós mesmos, pois a mitologia indiana é transparente por toda parte. Em contrapartida, no cristianismo, a doutrina da redenção do mundo teve de ser inserida no teísmo judaico, no qual o Senhor não apenas fez o mundo, mas também, posteriormente, julgou-o excelente: παντα καλα λιαν[b]. *Hinc illae lacrimae*[c]: a partir disso, surgiram aquelas dificuldades, que Erigena reconheceu perfeitamente, embora em sua época não ousasse atacar o mal pela raiz. Entretanto, ele é de uma indulgência hindu: rejeita a condenação e as punições eternas impostas pelo cristianismo. Conforme sua essência

---

[a] O mal sem causa é [...] totalmente sem causa e não-substancial.
[b] Tudo era muito belo.
[c] Daí o porquê dessas lágrimas.

interior e mediante o curso necessário da natureza, toda criatura racional, animal, vegetal e inorgânica precisa chegar à eterna bem-aventurança, pois ela partiu da eterna bondade. Porém, somente os santos e os justos alcançam a total união com Deus, a *Deificatio*. De resto, Erigena é honesto o bastante para não ocultar o grande embaraço em que coloca a origem do mal: ele o expressa claramente na passagem mencionada do quinto livro. Na realidade, a origem do mal é o rochedo em que tanto o panteísmo quanto o teísmo naufragam, pois ambos implicam otimismo. No entanto, o mal e o pecado, ambos em sua terrível magnitude, não podem ser negados. Na verdade, o primeiro só aumenta com as punições prometidas para o segundo. Como então tudo isso pode acontecer num mundo que é ele próprio um deus ou a obra bem-intencionada de um deus? Se os oponentes teístas gritam contra o panteísmo: "O quê? Todos os seres maus, horríveis e monstruosos hão de ser Deus?", os panteístas podem responder: "Como? Todos aqueles seres maus, horríveis e monstruosos hão de ter sido criados por um deus, *de gaieté de coeur**?" Encontramos Erigena na mesma dificuldade em outra obra sua que chegou até nós, o livro *De praedestinatione*, que, no entanto, é muito inferior ao *De divisione naturae*, pois nele ele não aparece como filósofo, mas como teólogo. Em *De praedestinatione*, ele também se atormenta miseravelmente com aque-

---
* Voluntariamente. (N. da T.)

las contradições, que têm como último fundamento o fato de o cristianismo estar inserido no judaísmo. Todavia, seus esforços só colocam essas contradições sob uma luz mais clara. Supõe-se que Deus fez absolutamente tudo e em tudo; quanto a isso não há dúvida: "Por conseguinte, também fez a maldade e o mal." Essa conseqüência inevitável deve ser removida, e Erigena vê-se obrigado a aduzir verbalismos lamentáveis. Pois o mal e a maldade não devem absolutamente EXISTIR, portanto, devem ser nulos. Ora vamos! Então a culpa deve recair sobre O LIVRE-ARBÍTRIO: é bem verdade que Deus o criou, mas o fez LIVRE; por isso, não lhe diz respeito o que esse realiza depois. Pois justamente ele era LIVRE, ou seja, podia ser desse modo ou de outro, podia também ser bom ou ruim. Bravo! Mas a verdade é que ser livre e ser criado são duas propriedades que se anulam mutuamente, isto é, contraditórias. Sendo assim, a asserção de que Deus criou seres e, ao mesmo tempo, conferiu-lhes livre-arbítrio na verdade significa que ele os criou e, ao mesmo tempo, não os criou. Pois, *operari sequitur esse*[a], ou seja, os efeitos ou as ações de qualquer coisa possível nunca podem ser nada além da conseqüência de sua natureza, que só pode ser conhecida por intermédio deles. Desse modo, para ser LIVRE no sentido aqui exigido, um ser não deveria ter nenhuma natureza, ou seja, não ser absolutamente NADA, ser e não ser ao mesmo tempo. Pois aquilo que

---

[a] "O agir segue o ser."

é também tem de ser ALGUMA COISA: uma existência sem essência nem sequer pode ser concebida. Se um ser é CRIADO, é criado tal como é CONSTITUÍDO; portanto, é mal CRIADO quando mal CONSTITUÍDO, e mal CONSTITUÍDO quando age mal, ou seja, quando seus efeitos são ruins. Por conseguinte, a CULPA do mundo, que tanto quanto seu MAL não pode ser negada, sempre recai sobre seu autor, que aqui, como antes fizera Agostinho, Escoto Erigena esforça-se para inocentar de maneira lastimável.

Por outro lado, se um ser tiver de ser moralmente LIVRE, não pode ser criado, mas sim ter asseidade, ou seja, tem de ser algo original, que exista a partir de sua própria força primária e de seu absoluto poder, e não referir-se a outro. Sua existência será, então, seu próprio ato de criação, que se desdobra e se expande no tempo, revelando de uma vez por todas a natureza definitiva desse ser. Contudo, essa natureza é sua própria obra, e a responsabilidade por todas as suas manifestações reside nele próprio. Além disso, se um ser tiver de ser RESPONSÁVEL por suas ações e, portanto, IMPUTÁVEL, terá de ser LIVRE. Sendo assim, da responsabilidade e da imputabilidade que nossa consciência declara, deduz-se com toda certeza que a vontade é livre. Porém, disso também se deduz que ela é o originário em si; portanto não apenas a ação, mas também a existência e a essência do homem são sua própria obra. Em relação a tudo isso, remeto a meu tratado sobre o livre-arbítrio, em que este se encontra discorrido com detalhes e de modo irrefutável. Precisamente por essa razão, os professores de filosofia tentaram boicotar essa obra premiada com o mais inviolável silêncio. A culpa do pecado e do mal sempre recai da natureza sobre seu criador. Se este último é a própria VONTADE, que se manifesta em todos os seus fenômenos, então a culpa atingiu o homem certo. Por outro lado, se tiver de ser um deus, então a autoria do pecado e do mal contradiz sua divindade.

Ao ler DIONÍSIO AREOPAGITA, ao qual Erigena se refere com tanta freqüência, descobri que o primeiro foi em tudo o modelo para o segundo. Tanto o panteísmo de Erigena quanto sua teoria da maldade e do mal já se encontram em Dionísio quanto a seus aspectos característicos, com a diferença, porém, de que neste último só está indicado o que Erigena desenvolveu, exprimiu com arrojo e expôs com veemência. Erigena tem infinitamente mais espírito do que Dionísio, mas a matéria e a direção das considerações foram-lhe dadas pelo último, que também lhe rendeu um grande trabalho preparatório. O fato de Dionísio não ser autêntico em nada afeta o caso: pouco importa como chamava o autor do livro *De divinis nominibus*. No entanto, como ele provavelmente viveu em Alexandria, creio que, de um modo distinto e desconhecido para nós, também foi o canal pelo qual deve ter caído alguma gota da sabedoria hindu que chegou a Erigena. Pois, conforme observou COLEBROOKE em seu tratado sobre a filosofia dos hindus (in *Colebrooke's miscellaneous essays*, vol. 1), a terceira proposição das KARIKA de KAPILA encontra-se em Erigena.

§ 10
A ESCOLÁSTICA

Eu gostaria de estabelecer o verdadeiro caráter distintivo da ESCOLÁSTICA no fato de que, para ela, o supremo critério da verdade é a Sagrada Escritura, à qual, portanto, sempre se pode apelar contra qualquer conclusão racional. Às suas particularidades pertence aquela de que sua exposição sempre tem um caráter polêmico: toda investigação logo é transformada numa controvérsia, cujo *pro et contra* produz um novo *pro et contra*, fornecendo-lhe a matéria que, do contrário, logo se esgotaria. A oculta e última raiz dessa particularidade reside, porém, no antagonismo entre razão e revelação.

O direito mútuo do REALISMO e do NOMINALISMO e, com ele, a possibilidade de discussão sobre o assunto, mantida por tanto tempo e de maneira tão obstinada, podem ser bem compreendidos como segue.

Chamo as coisas mais heterogêneas de VERMELHO, quando elas têm essa cor. Obviamente, VERMELHO é um mero nome, com o qual designo esse fenômeno, onde quer que ele apareça. Do mesmo modo, todos os conceitos comuns são meros nomes para designar propriedades que aparecem em diversas coisas; por outro lado, estas últimas são o verdadeiro e o real. Assim, o NOMINALISMO obviamente está certo.

Em contrapartida, quando observamos que todas as coisas verdadeiras, que foram as únicas às quais a realidade acaba de ser atribuída, são temporais e, por conseguinte, logo se acabam, enquanto as propriedades como vermelho, duro, macio, vivo, planta, cavalo, homem, que são as designadas por esses nomes, continuam a existir de maneira incontestável e, por conseguinte, em tempo integral, descobrimos que essas propriedades, que foram concebidas justamente por conceitos comuns, cuja designação são esses nomes, em virtude de sua existência ineliminável, têm muito mais realidade; que, portanto, essa realidade deve ser atribuída aos CONCEITOS, e não aos indivíduos. Sendo assim, o REALISMO está certo.

Na verdade, o nominalismo leva ao materialismo; pois, após a eliminação de todas as propriedades, no final, resta apenas a matéria. Se os conceitos são meros nomes, mas as coisas isoladas são o real, sendo suas propriedades individualmente transitórias, só a matéria permanece como o que continua a existir, portanto como o real.

No entanto, tomado em sentido estrito, o direito do realismo, mencionado anteriormente, na verdade cabe não a ele, mas à doutrina platônica das idéias, da qual ele é uma extensão. As formas e propriedades eternas das coisas naturais, ειδη, são as que continuam a existir sob toda mudança. Por isso, a elas se deve atribuir uma realidade de espécie mais elevada do que aos indivíduos em que se manifestam. Por outro lado, não se pode dizer o mesmo das meras abstrações, que não podem ser comprovadas pela intuição: por exemplo, o que há de real em conceitos como "relação, diferença, separação, desvantagem, indeterminação", entre outros semelhantes?

É evidente certa familiaridade ou, ao menos, um paralelismo das antíteses quando se compara Platão a Aristóteles, Agostinho a Pelágio, os realistas aos nominalistas. Poder-se-ia afirmar que, de certo modo, manifesta-se aqui uma divergência polar da maneira humana de pensar. Tal divergência expressou-se de forma extremamente notável, pela primeira vez e da maneira mais definitiva, em dois grandes homens, que viveram na mesma época e próximos um do outro.

§ 11
BACON DE VERULAM

Num sentido diferente e determinado de forma mais específica do que aquele que acabamos de indicar, BACON DE VERULAM foi a antítese expressa e intencional de Aristóteles. Este último foi o primeiro a expor a fundo o método correto para passar das verdades universais às particulares, portanto o caminho descendente: tal é a silogística, o *Organum Aristotelis*. Em contrapartida, BACON mostrou o caminho ascendente, ao expor o método para partir das verdades particulares às gerais: essa é a indução, em oposição à dedução, e sua apresentação é o *Novum organum,* expressão que, escolhida para contrapor-se a Aristóteles, deve significar: "uma maneira totalmente diferente de abordar o assunto". O erro de Aristóteles, mas muito mais o dos aristotélicos, consistia na suposição de que realmente possuíam toda verdade, de que essa já estava contida em seus axiomas, portanto, em certas proposições *a priori* ou consideradas como tais, e de que, para obter verdades particulares, só era necessário deduzi-las daquelas. Um exemplo aristotélico a respeito deram seus livros *De coelo*. Por outro lado, Bacon mostrou, com razão, que esses axiomas não tinham absolutamente tal conteúdo, que a verdade ainda não residia no sistema do conhecimento humano da época, mas sim fora dele, e, portanto, não poderia desenvolver-se a partir dele, e sim teria de ser introduzida nele, e, por conseguinte, que as proposições verdadeiras e universais, de conteúdo extenso e rico, só precisariam ser obtidas por INDUÇÃO.

Os escolásticos, baseando-se em Aristóteles, pensaram: em primeiro lugar, queremos estabelecer o universal; o particular derivará dele ou deverá mais tarde encontrar lugar sob ele, da maneira que puder. Desse modo, queremos, antes de tudo, estabelecer o que corresponde ao *ens*, à COISA EM GERAL. O que é peculiar a cada coisa poderá mais tarde ser adicionado gradualmente, talvez também por meio da experiência: isso nunca pode alterar nada no universal. Em contrapartida, Bacon dizia: em primeiro lugar, queremos conhecer as coisas particulares da maneira mais perfeita possível; depois conheceremos, por fim, o que é a coisa em geral.

Entretanto, Bacon é inferior a Aristóteles, uma vez que seu método do caminho ascendente não é absolutamente correto, seguro e infalível como o de Aristóteles, do caminho descendente. De fato, em suas pesquisas físicas, o próprio Bacon descartou as regras de seu método, dadas no *Novum organum*.

Bacon ocupou-se principalmente com a física. O que ele fez por ela, ou seja, começar desde o início, foi o que Descartes fez logo depois pela metafísica.

§ 12
A FILOSOFIA DOS MODERNOS

Nos livros de aritmética, a exatidão da solução de um problema costuma manifestar-se em seu resultado inteiro, ou seja, no fato de não deixar resto. Com a solução do enigma do mundo ocorre algo semelhante. Todos os sistemas são cálculos que não dão um resultado inteiro: deixam um resto ou, caso se prefira uma comparação química, um precipitado insolúvel. Este último consiste no fato de que, se tiramos conclusões lógicas de suas proposições, os resultados não correspondem ao mundo real que se nos apresenta, tampouco se harmonizam com ele; ao contrário, muitos de seus aspectos permanecem completamente inexplicáveis. Assim, por exemplo, com os sistemas materialistas, que fazem o mundo surgir da matéria dotada de propriedades meramente mecânicas e conforme as leis dessa matéria, não concordam nem a funcionalidade universal e admirável da natureza, nem a existência do conhecimento, no qual até mesmo aquela matéria se apresenta em primeiro lugar. Esse é, portanto, o resto. Por sua vez, não se pode colocar em harmonia com os sistemas teístas, bem como com os panteístas, os males físicos predominantes e a corrupção moral do mundo. Esses são deixados como resto ou como precipitado insolúvel. É bem verdade que, nesses casos, não se deixa de cobrir tais restos com sofismas, se necessário também com meras palavras e frases; só que, a longo prazo, isso não se sustenta. Como o problema não dá um resultado inteiro, procura-se por erros isolados de cálculo, até que finalmente se reconhece que o próprio ponto de partida era falso. Por outro lado, se a coerência e a harmonia geral de todas as proposições de um sistema forem acompanhadas a cada passo por uma concordância igualmente geral com o mundo da experiência, sem que entre ambas se note nenhuma dissonância, então esse é o critério da verdade, o resultado inteiro que se exige para o problema aritmético. De maneira semelhante, o fato de a proposição ser falsa significa que, desde o início, não se tratou a questão da forma devida, o que mais tarde fez com que um erro levasse a outro. Pois, com a filosofia, ocorre o mesmo que com muitas outras coisas: tudo depende de tratá-las da forma devida. No entanto, o fenômeno do mundo a ser esclarecido oferece inúmeras formas, das quais apenas uma pode ser a devida: é como um emaranhado de fios entrelaçados, com muitas extremidades falsas que pendem dele. Somente quem encontra o verdadeiro pode desatar o conjunto. Mas, então, uma coisa se desenvolve facilmente a partir da outra, e, assim, passamos a saber que essa era a forma devida. Essa situação também pode ser comparada a um labirinto, que oferece cem entradas que se abrem em corredores, sendo que todos eles, após longos e intricados meandros, conduzem à saída, com a exceção de um único, cujos meandros de fato levam ao ponto central onde se encontra o ídolo. Uma vez encontrada essa entrada, não se errará o caminho, porém por nenhuma outra pode-se alcançar o objetivo. Não escondo ser da opinião de que apenas a vontade em nós é a extremidade correta do emaranhado de fios, a verdadeira entrada do labirinto.

Por outro lado, seguindo o procedimento da metafísica de Aristóteles, DESCARTES partiu do conceito de SUBSTÂNCIA, do qual seus sucessores tampouco conseguiram se libertar, conforme podemos verificar. Todavia, ele admitiu dois tipos de substância: a pensante e a extensa. Supunha-se que elas agissem reciprocamente por *influxus physicus*[a], que logo se revelou como o resto de Descartes. Esse influxo verificava-se não apenas de fora para dentro, com a representação do mundo corporal, mas também de dentro para fora, entre a vontade (que, sem

---

[a] Influxo físico.

hesitação, foi atribuída ao pensamento) e as ações do corpo. A relação mais próxima entre esses dois tipos da substância transformou-se no principal problema, em torno do qual surgiram dificuldades tão grandes que, por conseguinte, chegou-se ao sistema das *causes occasionelles* e da *harmonia praestabilita*. Com efeito, MALEBRANCHE considerou o *influxus physicus* inconcebível, porém não levou em conta que, na criação e na gerência do mundo corporal por um deus, que é um espírito, esse influxo é admitido sem hesitação. Portanto, Malebranche colocou em seu lugar as *causes occasionelles* e *nous voyons tout en Dieu**: esse é seu resto. ESPINOSA, seguindo as pegadas de seu mestre, também partiu do conceito da SUBSTÂNCIA, como se ele fosse uma coisa dada. Todavia, declarou ambos os tipos da substância, a pensante e a extensa, como uma única coisa e, com isso, evitou a dificuldade mencionada anteriormente. Porém, desse modo, sua filosofia tornou-se sobretudo negativa, reduzindo-se, de fato, a uma mera negação das duas grandes antíteses cartesianas, uma vez que ele também estendeu sua identificação à outra antítese estabelecida por Descartes: Deus e mundo. A deificação do mundo, surgida a partir disso, não permitia nenhuma ética verdadeira e, além disso, estava em flagrante contradição com os males físicos e a infâmia moral desse mundo. Nisso reside, pois, seu resto.

---

* Vemos tudo em Deus. (N. da T.)

Como já dito, ele toma o conceito de SUBSTÂNCIA, do qual também parte ESPINOSA, como algo dado. É bem verdade que o define conforme seus objetivos, mas não se preocupa com sua origem. Pois LOCKE foi o primeiro que, logo depois dele, propôs a grande doutrina de que um filósofo, que queira deduzir ou demonstrar alguma coisa a partir de conceitos, deve, antes de tudo, pesquisar a sua ORIGEM, já que o conteúdo e o que pode derivar de um conceito é totalmente determinado por sua origem, como fonte de todo conhecimento alcançável por seu intermédio. Contudo, se ESPINOSA tivesse investigado a origem desse conceito da substância, por fim teria necessariamente descoberto que somente ela constitui a MATÉRIA, e, portanto o verdadeiro conteúdo do conceito não é outro senão justamente as propriedades essenciais e *a priori* indicáveis da matéria. Na realidade, tudo o que Espinosa atribui à sua substância encontra confirmação na matéria e somente nela: a substância é incriada, portanto sem causa, eterna, singular e única, e suas modificações são extensão e conhecimento; com efeito, este último como exclusiva propriedade do cérebro, que é material. Por conseguinte, Espinosa é um materialista inconsciente; contudo, quando se discute a respeito, a matéria, que realiza e comprova empiricamente seu conceito, não é aquela atomística de Demócrito e dos materialistas franceses posteriores, concebida erroneamente e que, como tal, não tem outras propriedades além das mecânicas, mas sim aquela que é concebida corretamente e dotada de todas as suas qualidades inexplicáveis. Sobre essa diferença, remeto à minha obra principal (vol. 2, cap. 24). Esse método de aceitar o conceito da SUBSTÂNCIA sem examiná-lo, a fim de fazer dele um ponto de partida, já é encontrado nos ELEATAS, como se pode concluir especialmente a partir do livro aristotélico *De Xenophane* etc. Com efeito, Xenófanes também parte do ov, isto é, da substância, cujas propriedades são demonstradas sem que antes se pergunte ou se diga de onde ele obtém seu conhecimento de tal coisa. Em contrapartida, se isso acontecesse, obviamente se revelaria do que ele realmente fala, ou seja, em última instância, qual intuição serve de base para seu conceito e lhe confere realidade. Ao final, ter-se-ia como resultado apenas a matéria, e tudo o que ele diz a respeito dela é válido. Nos capítulos seguintes sobre ZENÃO, a concordância com Espinosa estende-se até a exposição e as expressões. Sendo assim, é quase impossível deixar de admitir que Espinosa conheceu e utilizou essa obra, pois, embora tenha sido atacado por Bacon, em sua época Aristóteles ainda tinha muito prestígio, e existiam boas edições em versão latina. Nesse sentido, Espinosa teria sido um mero renovador dos eleatas, como Gassendi o foi de Epicuro. Mais uma vez verificamos quão extremamente raras são a verdadeira novidade e a completa originalidade em todos os ramos do pensamento e do saber.

De resto, e especialmente no que diz respeito à forma, o fato de Espinosa partir do conceito da SUBSTÂNCIA baseia-se no errôneo pensamento fundamental, que ele havia herdado de seu mestre Descartes, e este, de Anselmo de Canterbury, a saber: de que nunca a *existentia* pode provir da *essentia*, ou seja, de que de um mero conceito nunca pode derivar uma existência, que, por conseguinte, seria necessária. Ou ainda, com outras palavras: em virtude da natureza ou definição de uma coisa meramente PENSADA, torna-se necessário que ela deixe de ser meramente pensada para existir na realidade. DESCARTES havia aplicado esse errôneo pensamento fundamental no conceito do *ens perfectissimum*[a]. Espinosa, porém, tomou o da *substantia* ou *causa sui*[b] (este último expressa uma *contradictio in adjecto*[c]); ver sua primeira definição, que é seu πρωτον ψευδος[d], na introdução à *Ética*, bem como a sétima proposição do primeiro livro. A diferença entre os conceitos fundamentais de ambos os filósofos consiste praticamente apenas na expressão. Todavia, seu uso como ponto de partida e, portanto, como elemento dado, tanto num quanto noutro, baseia-se no erro de fazer surgir da representação abstrata outra intuitiva, enquanto, na verdade, toda representação abstrata surge a partir da intuitiva, o que faz com que seja justificada por ela. Sendo assim, temos aqui uma ὑστερον προτερον[e] fundamental.

---

[a] Ente perfeitíssimo.

[b] Substância/causa de si.

[c] Contradição no qualificativo.

[d] Pseudoprincípio.

[e] Confusão entre causa e efeito.

Com isso, Espinosa assumiu uma dificuldade de tipo especial, chamando sua única substância de *Deus*, pois essa palavra já havia sido usada para designar um conceito totalmente diferente, e ele teve de lutar continuamente contra os equívocos que resultavam do fato de o leitor sempre associar à palavra o conceito que ela costuma designar em outros casos em vez do conceito que ela deve designar segundo as primeiras explicações de Espinosa. Se ele não tivesse usado tal palavra, teria sido dispensado das longas e penosas discussões no primeiro livro. Mas o fez para que sua doutrina encontrasse menos oposição; finalidade que, não obstante, não conseguiu cumprir.

No segundo livro, expõe os dois modos de sua única substância como extensão e representação (*extensio et cogitatio*), que, obviamente, é uma divisão errônea, uma vez que a extensão existe apenas para a representação e dentro dela; portanto, não se opõe, mas se subordina a ela.

LEIBNIZ, por sua vez, também lidava com SUBSTÂNCIAS, das quais tomou uma infinidade, porém aquelas que, de acordo com as circunstâncias, eram ora extensas, ora pensantes, bem como ambas ao mesmo tempo: as chamadas mônadas. A mediação entre os simples pensamentos dessas substâncias e aquilo que realmente e em si mesmo é extenso assume uma harmonia preestabelecida pela mônada central. Nesse caso, pode-se dizer que tudo é resto. Entretanto, para render justiça a LEIBNIZ, é preciso recordar o modo de considerar a MATÉRIA, que, naquela época, Locke e Newton fizeram valer, segundo o qual a matéria existe como absolutamente morta, puramente passiva e isenta de vontade, dotada apenas de forças mecânicas e submetida simplesmente a leis matemáticas. LEIBNIZ, ao contrário, recordou em primeiro lugar as *formae substantiales* dos escolásticos e, por conseguinte, chegou a entender que mesmo as forças meramente mecânicas da matéria, praticamente as únicas conhecidas ou admitidas naquela época, deviam ter por fundamento algo espiritual. Porém, ele não sabia de que outra forma torná-lo mais claro para si mesmo além daquela que usava a ficção mais desajeitada, segundo a qual a matéria consistiria apenas em pequenas almas, que seriam, ao mesmo tempo, átomos e que se encontravam, na maioria das vezes, em estado de letargia, possuindo, não obstante, um análogo da *perceptio* e do *appetitus*. Nesse ponto, ele foi induzido a erro pelo fato de que, como todos os outros, sem exceção, estabeleceu como fundamento e *conditio sine qua non*[a] de todo o espiritual o conhecimento em vez da vontade. Fui o primeiro a reivindicar para a vontade a primazia que lhe é devida, transformando tudo em filosofia. Entretanto, o esforço de Leibniz para estabelecer como base um único princípio para o espírito e a matéria merece reconhecimento. Poder-se-ia até mesmo encontrar nele um pressentimento de minha doutrina, mas *quam velut trans*

---

[a] Condição indispensável.

*nebulam vidit*ª. O parecer fundamental de Leibniz que aqui elogiamos é expresso com maior clareza em algumas obras francesas de menor porte, como *Système nouveau de la nature*, entre outras, extraídas do *Journal des savans* e da edição de Düten incluída na de Erdmann. Há também uma coletânea bem escolhida das passagens de Leibniz referentes a isso em seus *Kleinere philosophischen Schriften* [Escritos filosóficos menores], traduzidos por Köhler e revistos por Huth (Jena, 1740).

Kant não foi diretamente afetado pelo problema das substâncias: está acima dele. Para ele, o conceito da substância é uma categoria, portanto uma mera forma de pensar *a priori*. Por meio dela, em sua aplicação necessária à intuição sensorial, nada é conhecido tal como é em si mesmo. Por isso, a essência, que serve de base tanto aos corpos quanto às almas, pode muito bem ser em si única e idêntica. Essa é sua doutrina. Ela me abriu o caminho para chegar à compreensão de que o próprio corpo de cada um é apenas a intuição de sua vontade, produzida em seu cérebro. Estendida a todos os corpos, essa relação dá como resultado a redução do mundo a vontade e representação.

Todavia, o conceito da substância, que Descartes, fiel a Aristóteles, transformara no principal conceito da filosofia e com cuja definição, porém à maneira dos eleatas,

---

ª Viu por trás da névoa tal como era.

Espinosa também inicia, mostra-se, num exame preciso e honesto, como abstração superior mas injustificada do conceito da MATÉRIA, que, com ela, também deveria incluir seu suposto filho, a SUBSTÂNCIA IMATERIAL, conforme expus detalhadamente em minha *Crítica da filosofia kantiana*. No entanto, sem levar isso em conta, o conceito da SUBSTÂNCIA não serve para constituir o ponto de partida da filosofia, pois, de todo modo, é OBJETIVO. Com efeito, tudo o que é objetivo é sempre para nós apenas MEDIATO. Somente o subjetivo é imediato. Por isso, este último não pode passar despercebido, mas deve simplesmente ser transformado em ponto de partida. Foi o que DESCARTES também fez. Na verdade, ele foi o primeiro que o reconheceu e realizou. Por essa razão, com ele se inicia uma nova época primordial da filosofia. Ele o fez apenas preliminarmente, no primeiro impulso, após o qual logo assumiu a realidade objetiva e absoluta do mundo, acreditando na veracidade de Deus, e, a partir de então, passou a filosofar de maneira totalmente objetiva. Além disso, ao proceder desse modo, torna-se realmente culpado de um considerável *circulus vitiosus*[a]. Com efeito, demonstra a realidade objetiva dos objetos de todas as nossas representações intuitivas a partir da existência de Deus, como seu criador, cuja veracidade não permite que ele nos engane. Todavia, ele demons-

---

[a] Círculo vicioso.

tra a existência do próprio Deus a partir da representação inata que supostamente teríamos dele como o ser mais perfeito de todos.

Destarte, BERKELEY foi o primeiro a levar realmente a sério o ponto de partida subjetivo e a demonstrar de modo peremptório sua indispensável necessidade. Ele é o pai do idealismo; este, porém, é o fundamento de toda filosofia verdadeira e, desde então, foi constantemente mantido, pelo menos como ponto de partida, embora todo filósofo posterior tenha tentado outras modulações e variações dele. Assim, LOCKE também partiu do subjetivo, reivindicando grande parte das propriedades dos corpos para nossa percepção sensorial. No entanto, deve-se notar que sua redução de todas as diferenças QUALITATIVAS, como propriedades secundárias, a outras meramente QUANTITATIVAS, ou seja, tamanho, forma, posição etc., como as únicas primárias, isto é, propriedades objetivas, no fundo ainda é a teoria de DEMÓCRITO, que também reduzia todas as qualidades a figura, modo de agrupar-se e posição dos átomos. Isso pode ser concluído com especial clareza a partir da *Metafísica* de Aristóteles, livro I, capítulo 4, bem como da obra *De sensu*, capítulos 61-5, de Teofrasto. Nesse sentido, Locke seria um renovador da filosofia de Demócrito, como Espinosa o foi da dos eleatas. Além disso, de fato abriu caminho para o materialismo francês posterior. Contudo, com essa diferença provisória entre o subjetivo e o objetivo da intuição, ele imediatamente antecipou KANT, que, seguindo sua orientação e sua pista num sentido muito mais elevado, chegou a separar claramente o subjetivo do objetivo. Aliás, nesse processo, concedeu tanto ao subjetivo que o objetivo ficou sendo apenas um ponto totalmente obscuro, algo que não poderia ser conhecido ulteriormente: a coisa em si. Reconduzi esta última à essência, que encontramos em nossa autoconsciência sob forma de vontade. Por isso, voltei aqui mais uma vez à fonte subjetiva de conhecimento. E não poderia ser de outro modo, pois, como já dito, justamente tudo o que é objetivo é sempre apenas algo secundário, a saber, uma representação. Sendo assim, devemos procurar o núcleo mais íntimo dos seres, a coisa em si, não fora, mas apenas dentro de nós, portanto, no subjetivo, que é só imediato. Acrescente-se a isso o fato de que, com o objetivo, nunca podemos chegar a um ponto de descanso, a algo definitivo e originário, pois nos encontramos justamente no terreno das REPRESENTAÇÕES. Mas todas essas têm por forma essencialmente o PRINCÍPIO DA RAZÃO, em seus quatro aspectos; por conseguinte, todo objeto está à mercê e submete-se à exigência de tal princípio. Por exemplo, um absoluto admitido objetivamente logo é assediado de maneira arrasadora pelas questões "De onde?" e "Por quê?", perante as quais deve ceder e sucumbir. Ocorre algo distinto quando submergimos na profundeza tranqüila, embora obscura, do sujeito. Porém, nela certamente somos ameaçados pelo perigo de cair no misticismo. Desse modo, dessa fonte só podemos haurir aquilo que de fato é verdadeiro, acessível a todos e a cada um e, por conseguinte, inteiramente inegável.

§ 13
ALGUMAS ELUCIDAÇÕES ULTERIORES SOBRE A FILOSOFIA KANTIANA

O verdadeiro espírito da filosofia kantiana, seu pensamento fundamental e seu real sentido podem ser compreendidos e representados de diversas maneiras. Porém, essas variações e expressões do assunto serão uma mais apropriada do que a outra, segundo a diversidade de inteligências, para abrir para este ou aquele indivíduo a correta compreensão daquela doutrina muito profunda e, por isso, difícil. O que segue é uma nova tentativa desse tipo, que se propõe a lançar minha clareza sobre a profundidade de Kant[1].

A matemática tem por base INTUIÇÕES, nas quais se apóiam suas demonstrações, pois essas intuições não são empíricas, mas sim *a priori*; assim, suas doutrinas são apodícticas. Em contrapartida, a filosofia tem meros CONCEITOS como elemento dado, do qual ela parte e que deve conferir necessidade (apodicticidade) às suas demonstrações. Pois ela não se pode basear diretamente na mera intuição EMPÍRICA, uma vez que se propõe explicar as coisas em sua universalidade, e não em sua singularidade, de modo que sua intenção é conduzir além

---

1. Observo aqui, definitivamente, que a numeração das páginas da 1ª edição da *Kritik der reinen Vernunft* [*Crítica da razão pura*], que costumo citar, também é referida na edição de Rosenkranz.

do elemento dado empiricamente. Assim, nada lhe resta além dos conceitos universais, não sendo esses o intuitivo e puramente empírico. Portanto tais conceitos precisam fornecer o fundamento de suas doutrinas e demonstrações, e deles se deve partir como de algo presente e dado. Logo, a filosofia é uma ciência feita de simples CONCEITOS, enquanto a matemática é uma ciência feita a partir da CONSTRUÇÃO (exposição intuitiva) de seus conceitos. No entanto, para ser exato, somente o procedimento de demonstração da filosofia parte de simples CONCEITOS. Com efeito, esse procedimento não pode partir de uma INTUIÇÃO, conforme faz o matemático, porque a intuição precisaria ser ou pura, *a priori*, ou empírica. Esta última não confere nenhuma apodicticidade, enquanto a primeira fornece apenas a matemática. Sendo assim, caso a filosofia queira sustentar de algum modo suas doutrinas por meio da demonstração, esta terá de consistir na correta inferência lógica dos conceitos que serviram de base. Desse modo, tudo correu bem ao longo de todo o período da escolástica e até mesmo na nova época fundada por Descartes, de maneira que ainda vemos ESPINOSA e LEIBNIZ seguirem esse método. Porém, ao final ocorreu a LOCKE pesquisar a ORIGEM dos conceitos, e o resultado foi que todos os conceitos universais, por mais abrangentes que possam ser, são criados a partir da experiência, ou seja, a partir do mundo empiricamente real, existente e intuído sensorialmente, ou também a partir da experiência interior, tal como a observação empírica de si mesmo oferece a cada um. Por conseguinte, esses conceitos derivam todo o seu conteúdo apenas dessas duas fontes e, assim, nunca podem fornecer mais do que receberam da experiência exterior ou interior. Numa análise rigorosa, já se deveria inferir a partir dessas premissas que os conceitos nunca podem conduzir além da experiência, ou seja, nunca levam à finalidade. Todavia, LOCKE ultrapassou a experiência com os princípios criados a partir dela.

Opondo-se de modo mais acentuado às doutrinas anteriores e com o objetivo de retificar a de Locke, KANT mostrou que existem sim alguns conceitos que fazem exceção à regra anterior e, portanto, NÃO derivam da experiência. Porém, ao mesmo tempo, também mostrou que justamente esses conceitos são criados em parte a partir da intuição pura, isto é, dada *a priori*, do espaço e do tempo, e em parte constituem as funções peculiares de nosso próprio entendimento com vistas à experiência que, em seu uso, se orienta por elas. Mostrou, portanto, que sua validade estende-se apenas a uma experiência possível, a ser sempre intermediada pelos sentidos, uma vez que eles próprios se destinam meramente a produzi-la em nós, com todos os desenlaces conforme a lei e sob o estímulo da percepção sensorial. Mostrou, afinal, que esses conceitos são, em si, desprovidos de conteúdo, mas aguardam toda a matéria e todo o conteúdo da SENSIBILIDADE, para com ela produzir então a experiência. À parte esta última, não possuem conteúdo nem significado, uma vez que só são válidos na hipótese da intuição que se baseia na percepção sensorial e referem-se essencialmente a ela. Disso resulta que eles não nos podem fornecer os condutores que nos guiariam para além de toda possibilidade da experiência, bem como que a METAFÍSICA, como ciência daquilo que reside além da natureza, ou seja, justamente acima da possibilidade da experiência, é IMPOSSÍVEL.

Como um dos componentes da experiência – a saber: o universal, formal e regular – é conhecível *a priori*, precisamente por isso se baseia nas funções essenciais e regulares de nosso próprio entendimento. Em contrapartida, o outro componente – particular, material e contingente – surge da percepção sensorial. Assim, ambos são de origem SUBJETIVA. Por conseguinte, toda a experiência, junto com o mundo que se apresenta nela, constitui uma simples APARÊNCIA, ou seja, algo que existe apenas primária e imediatamente para o sujeito que o conhece. Contudo, essa aparência aponta para uma COISA EM SI que lhe serve de base, mas que, como tal, é simplesmente irreconhecível. Esses são os resultados negativos da filosofia kantiana.

Devo lembrar que Kant agiu como se fôssemos meros seres cognoscentes e, portanto, como se não tivéssemos nenhum dado além da REPRESENTAÇÃO, quando, na verdade, possuímos outro na VONTADE em nós, distinta *toto genere** da representação. É bem verdade que levou essa vontade em consideração, mas não na filosofia teo-

---

* Totalmente. (N. da T.)

rética, e sim apenas na prática, totalmente separada por ele da primeira. Em outros termos, o fez unicamente para registrar o fato da pura significância moral de nossa ação e para nela fundar um dogma moral, como contrapeso da ignorância teorética e, por conseguinte, da impossibilidade de toda teologia, à qual sucumbimos, segundo já dito.

Diferentemente de todas as outras filosofias e até em oposição a elas, a de Kant também é qualificada de FILOSOFIA TRANSCENDENTAL e, de modo mais exato, de IDEALISMO TRANSCENDENTAL. O termo "transcendente" não é de origem matemática, mas sim filosófica, uma vez que já era corrente entre os escolásticos. Na matemática foi introduzido primeiramente por Leibniz para designar *quod Algebrae vires transcendit*[a], ou seja, todas as operações que a aritmética e a álgebra comuns não são suficientes para efetuar, como encontrar o logaritmo de um número ou o inverso, bem como as funções trigonométricas de um arco a partir de um ponto de vista puramente aritmético ou o inverso. De modo geral, todos os problemas que só podem ser solucionados com um cálculo levado ao infinito. No entanto, os escolásticos qualificavam de TRANSCENDENTES os conceitos supremos, isto é, aqueles que fossem ainda mais universais do que as dez categorias de Aristóteles; até ESPINOSA emprega a palavra nesse sentido. GIORDANO BRUNO (*Della causa* etc., dial. 4) cha-

---

[a] O que transcende o poder da Álgebra.

ma de TRANSCENDENTES os predicados que são mais universais do que a diferença entre a substância corpórea e a incorpórea e que, portanto, competem à substância em geral. Segundo ele, referem-se à raiz comum, na qual o corpóreo se une ao incorpóreo, e que constitui a verdadeira e originária substância. Com efeito, ele vê nisso uma prova de que tal substância deve existir. Finalmente, KANT entende por TRANSCENDENTAL, em primeiro lugar, o reconhecimento do apriorístico e, portanto, do elemento meramente formal em nosso conhecimento COMO TAL. Em outros termos, o discernimento de que esse conhecimento independe da experiência e até prescreve a regra imutável, segundo a qual ela deve ocorrer. Esse discernimento está vinculado à compreensão que questiona por que tal conhecimento é esse e tem essa capacidade; a saber, porque constitui a FORMA de nosso entendimento, portanto, em conseqüência de sua origem subjetiva. Assim, na verdade, apenas a *Crítica da razão pura* é TRANSCENDENTAL. Em oposição a isso, ele chama de transcendente o uso, ou, antes, o abuso do elemento puramente formal em nosso conhecimento, que ultrapassa a possibilidade da experiência. Ele também chama isso de hiperfísico. Por conseguinte, em poucas palavras, TRANSCENDENTAL significa tanto quanto "aquém de toda experiência"; já TRANSCENDENTE quer dizer "além de toda experiência". Portanto Kant só faz valer a metafísica como filosofia transcendental, ou seja, como a doutrina do elemento formal, COMO TAL, contido em nossa consciência cognoscente, e como doutrina da limitação produzida por esse meio, em virtude da qual o conhecimento das coisas em si é impossível, uma vez que a experiência nada pode fornecer além de meras aparências. Contudo, para ele a palavra "METAFÍSICA" não é um sinônimo absoluto de "transcendental", pois tudo o que é certo *a priori*, mas que se refere à experiência, é chamado por ele de METAFÍSICO. Em contrapartida, a indicação daquilo que é certo *a priori* unicamente devido à sua origem subjetiva e como elemento puramente formal é chamado apenas de TRANSCENDENTAL. Por isso, conforme já dito, somente a *Crítica da razão pura* e, de modo geral, a filosofia crítica (ou seja, kantiana) é transcendental. Por outro lado, METAFÍSICOS são os *Anfangsgründe der Naturwissenschaft* [Primeiros princípios da ciência da natureza], bem como os da *Tugendlehre* [Doutrina da virtude] etc.

Entretanto, o conceito de uma filosofia transcendental pode ser compreendido num sentido ainda mais profundo, se tentarmos concentrar nele o espírito mais íntimo da filosofia kantiana, mais ou menos da seguinte forma: o mundo inteiro nos é dado de maneira SECUNDÁRIA, como representação, imagem em nossa mente, fenômeno cerebral, enquanto a própria vontade nos é dada imediatamente na autoconsciência; por conseguinte, ocorre uma separação e até uma oposição entre nossa própria existência e a do mundo. Isso é uma simples conseqüência de nossa existência individual e animal, que não se realiza com o término desta última. Contudo, até então, é impossível suprimir do pensamento aquela forma fundamental e primária de nossa consciência, que é o que se designa como a divisão em sujeito e objeto, pois todo pensamento e toda representação têm essa forma como pressuposição. Desse modo, sempre a deixamos existir e valer como o primariamente essencial e a constituição fundamental do mundo, quando, na verdade, ela é apenas a forma de nossa consciência animal e das aparências intermediadas por ela. A partir disso, surgem todas as questões sobre início e fim, limites e origem do mundo sobre nossa própria continuidade após a morte etc. Sendo assim, todas essas questões baseiam-se numa pressuposição errônea, que atribui à coisa em si e, portanto, declara como a natureza primitiva e fundamental do mundo aquilo que constitui apenas a forma da APARÊNCIA, ou seja, das REPRESENTAÇÕES intermediadas por uma consciência animal e cerebral. Tal é o sentido da expressão kantiana: todas essas questões são TRANSCENDENTES. Por isso, são absolutamente incapazes de qualquer resposta não apenas *subjetivamente* mas também em si e por si, ou seja, *objetivamente*. Pois são problemas que desaparecem por completo com a supressão de nossa consciência cerebral e da oposição que se baseia nela, e que, não obstante, são apresentados como se não dependessem delas. Por exemplo, quem pergunta se continuará existindo após a morte suprime, *in hypothesi*, sua consciência cerebral e animal. Mas, se perguntar por algo que existe apenas na suposição dessa consciência, baseando-se em sua forma, a saber, no sujeito e no objeto, no espaço e no tempo, estará perguntando por sua existência individual. Uma filosofia que forma uma idéia clara de todas essas condições e limitações COMO TAIS é TRANSCENDENTAL e, se reivindicar para o sujeito as determinações fundamentais e universais do mundo objetivo, será IDEALISMO TRANSCENDENTAL. Gradualmente, compreende-se que os problemas da metafísica só são insolúveis na medida em que nas próprias questões já estiver contida uma contradição.

Entretanto, o idealismo transcendental não contesta absolutamente a REALIDADE EMPÍRICA do mundo existente, mas diz apenas que ela não é incondicionada, uma vez que tem como condição nossas funções cerebrais, das quais surgem as formas da intuição e, portanto, o tempo, o espaço e a causalidade. Por conseguinte, afirma que essa realidade empírica em si é simplesmente aquela de uma aparência. Se, nessa aparência, apresenta-se a nós uma pluralidade de seres, dos quais sempre um perece enquanto o outro surge, sabemos, porém, que a pluralidade só é possível mediante a forma intuitiva do espaço e que a morte e o nascimento são possíveis apenas mediante a forma intuitiva do tempo. Assim, reconhecemos que um processo semelhante não tem nenhuma realidade ABSOLUTA, ou seja, que ele não pode pertencer à essência em si, que se apresenta naquela aparência. Ao contrário, se pudéssemos remover essas formas de conhecimento, como o vidro do caleidoscópio, para nossa surpresa poderíamos ter esse ser em si como algo único e permanente, como imperecível, inalterável e, sob todas as mudanças aparentes, talvez até idêntico a todas as determinações completamente individuais. Em conformidade com esse aspecto, podem-se estabelecer as três seguintes proposições:

1) A única forma da realidade é o presente: somente nele o real pode ser imediatamente encontrado e está sempre contido de modo completo.

2) O verdadeiro real independe do tempo, ou seja, é único e o mesmo em todo momento.

3) O tempo é a forma intuitiva de nosso entendimento e, por isso, é estranho à coisa em si.

No fundo, essas três proposições são idênticas. Quem entender claramente tanto sua identidade quanto sua verdade terá feito um grande progresso na filosofia, pois terá compreendido o espírito do idealismo transcendental.

De modo geral, a doutrina de Kant sobre a idealidade do espaço e do tempo, que ele apresentou de forma tão enxuta e simples, é realmente rica em conseqüências. Por outro lado, nada resulta do palavrório pomposo, cheio de pretensão e intencionalmente incompreensível dos três conhecidos sofistas, que atraíram para si, tirando de Kant, a atenção de um público indigno dele. Antes de Kant, pode-se dizer que estávamos no tempo; agora, é o tempo que está em nós. No primeiro caso, o tempo é REAL, e, como tudo o que reside nele, somos consumidos por ele. No segundo, o tempo é IDEAL: encontra-se em nós. Assim, em primeiro lugar, cai por terra a questão referente ao futuro após a morte. Pois, se não existo, tampouco existe tempo algum. Trata-se apenas de uma ilusão enganadora, que me mostra um tempo que continuará sem mim após minha morte: as três divisões do tempo – passado, presente e futuro – são igualmente produto meu, pertencem a mim, e não eu a alguma delas de preferência à outra. Mais uma vez, outra conclusão que pode ser tirada da proposição de que o tempo não cabe à essência em si das coisas é a de que, em algum sentido, o passado NÃO passou, e tudo o que já existiu realmente e de fato no fundo ainda deve existir. Pois o tempo assemelha-se a uma cascata de teatro, que parece cair em torrentes, quando, como mera roda, não sai do lugar. Assim, há muito tempo, em minha principal obra e de modo análogo a esse, comparei o espaço a um vidro cortado em facetas, que nos permite ver em inúmeras reproduções o que existe como unidade. Mais do que isso, quando nos aprofundamos no assunto, correndo o risco de beirar o lirismo, podemos ter a impressão, ao representarmos com muita vivacidade nosso passado muito remoto, de nos convencermos imediatamente de que o tempo não toca a verdadeira essência das coisas, mas encontra-se apenas intercalado entre essa essência e nós mesmos, como um simples meio da percepção, que, uma vez removido, faria com que tudo voltasse a existir. Por outro lado, nossa memória tão viva e fiel, na qual o tempo remoto conserva uma existência imperecível, também dá provas de que igualmente em nós existe algo que não envelhece e, portanto, não reside no domínio do tempo.

A principal tendência da filosofia kantiana consiste em demonstrar toda a DIVERSIDADE DO REAL E DO IDEAL, depois que Locke já havia aberto o caminho para tanto. Superficialmente, pode-se dizer que o IDEAL é a figura intuitiva que se manifesta no espaço, com todas as propriedades que nela são perceptíveis. Em contrapartida, o REAL é a coisa em si e por si mesma, independentemente de vir a ser representada na mente alheia ou em nossa própria. Só que é difícil traçar a fronteira entre ambos, e é justamente disso que se trata. LOCKE mostrara que tudo o que naquela figura é cor, som, lisura, aspereza, dureza, maciez, frio, calor etc. (propriedades secundárias) é meramente IDEAL e, portanto, não pertence às coisas em si, pois nessas propriedades secundárias não nos são dados o ser e a essência mas apenas a AÇÃO da coisa. E essa ação é determinada de maneira muito parcial, ou seja, é determinada na receptividade bastante específica de nossos cinco órgãos do sentido, em virtude dos quais, por exemplo, o som não age sobre os olhos, nem a luz sobre os ouvidos. Com efeito, a ação dos corpos sobre os órgãos dos sentidos consiste simplesmente no fato de que ela os coloca na atividade que lhes é própria, quase do mesmo modo como quando puxo o fio que põe em movimento o mecanismo de um relógio musical. Por outro lado, Locke deixou intocados a extensão, a forma, a impenetrabilidade, o movimento ou o repouso, e o número como o real, que pertence à coisa em si, chamando, portanto, esses elementos de propriedades primárias. Com uma reflexão infinitamente superior, KANT mostrou mais tarde que essas propriedades tampouco pertencem à essência puramente objetiva das coisas ou à coisa em si e, portanto, simplesmente não podem ser REAIS, pois são condicionadas pelo espaço, pelo tempo e pela causalidade. No entanto, conforme toda a sua regularidade e natureza, o espaço, o tempo e a causalidade nos são dados e conhecidos com exatidão ANTES de qualquer experiência. Por essa razão, precisam estar pré-formados em nós do mesmo modo como o tipo específico da receptividade e atividade de cada um de nossos sentidos. Dessa maneira, afirmei justamente que aquelas formas representam a participação do CÉREBRO na intuição, assim como as impressões sensoriais específicas representam nela a participação dos respectivos ÓRGÃOS SENSORIAIS. Destarte, segundo KANT, a essência das coisas, puramente objetiva e independente de nossa representação e de seu aparato, e que ele chama de coisa em si, portanto, o verdadeiro real, em oposição ao ideal, é algo bem diferente da figura que se nos apresenta intuitivamente; algo ao qual, na verdade, não se deve atribuir nem a extensão, nem a duração, uma vez que deve ser independente em relação ao espaço e ao tempo, embora a tudo o que possui extensão e duração confira a força de existir.

No fundo, o real de LOCKE, em oposição ao ideal, é a MATÉRIA, embora despojada de todas as propriedades que ele pôs de lado como secundárias, ou seja, como condicionadas por nossos órgãos sensoriais, porém que existem em si e por si como algo extenso e assim por diante, cujo mero reflexo ou cuja reprodução é a representação em nós. A esse respeito, recordo que já expus (*Raiz quádrupla* e, com menos detalhes, em *O mundo como vontade e como representação*, vols. 1 e 2) que a essência da matéria consiste unicamente em sua AÇÃO, portanto a matéria é causalidade por completo. Expus também que, uma vez que nela, pensada como tal, não se leva em conta toda qualidade particular e, por conseguinte, todo tipo específico da ação, ela constitui a ação ou a pura causalidade, desprovida de quaisquer determinações específicas, a causalidade *in abstracto*. Para uma compreensão mais profunda a esse respeito, peço aos leitores que consultem as passagens citadas anteriormente. Porém, KANT já havia ensinado – embora eu tenha sido o primeiro a fornecer a prova correta – que toda causalidade é apenas uma forma de nossa compreensão e, portanto, só existe para a compreensão e dentro dela. Por conseguinte, agora vemos o suposto real de Locke, a matéria, retornar por esse caminho inteiramente ao ideal e, portanto, ao sujeito; em outros termos, existindo apenas na representação e para ela. Em sua exposição, KANT certamente despojou de sua materialidade o real ou a coisa em si, só que a ele não restou nada além de um *x* totalmente desconhecido. Já eu, por fim, demonstrei que o verdadeiramente REAL ou a coisa em si, que só tem uma existência real e independente da representação e de suas formas, é a VONTADE em nós, e que, até então, ela havia sido incluída, sem nenhuma hesitação, no IDEAL. Com isso, vemos que Locke, Kant e eu estamos em perfeita conexão, na medida em que apresentamos, no período de quase dois séculos, o desenvolvimento gradual de uma série de pensamentos coerentes e até uniformes. DAVID HUME também deve ser considerado um elo dessa corrente, embora, na verdade, apenas em relação à lei da CAUSALIDADE. Com respeito a ele e à sua influência, tenho de completar a exposição anterior com o que segue.

LOCKE bem como CONDILLAC e seus discípulos, que seguem os passos do primeiro, mostram com detalhes que à sensação que se introduz num órgão sensorial tem de corresponder uma causa fora de nosso corpo, assim como às diferenças de tal efeito (impressão sensorial) devem corresponder as diferenças das causas, sejam elas quais forem. Como resultado, tem-se a distinção a que se aludiu anteriormente entre propriedades primárias e secundárias. Assim, nada mais têm a acrescentar, e diante deles se apresenta no espaço um mundo objetivo, de meras coisas em si, que, embora incolores, inodoras, insonoras, nem quentes, nem frias etc., possuem extensão, figura, impenetrabilidade, movimento e número. Só que o próprio axioma, em virtude do qual ocorreram a transição do interno para o externo e, por conseguinte, toda a derivação e instalação de coisas em si, ou seja, A LEI DA CAUSALIDADE, foi considerado por eles, bem como por todos os filósofos anteriores, como evidente, e sua validade não foi submetida a nenhuma prova. A isso HUME dirigiu seu ataque cético, colocando em dúvida a validade dessa lei. Pois a experiência, da qual, justamente segundo aquela filosofia, todos os nossos conhecimentos deveriam derivar, nunca nos poderia fornecer a conexão causal em si, mas apenas a mera sucessão dos estados no tempo, portanto nunca uma conseqüência, mas uma simples seqüência, que, precisamente como tal, sempre provaria ser contingente, nunca necessária. Todavia, esse argumento, que contraria o bom senso mas não é facilmente confutável, levou KANT a pesquisar a verdadeira ORIGEM do conceito da causalidade. Descobriu que este último reside na forma essencial e inata de nosso entendimento em si, portanto no sujeito e não no objeto, uma vez que não nos é trazido de fora. Desse modo, todo aquele mundo objetivo de LOCKE e CONDILLAC foi reintroduzido no sujeito, porque Kant comprovara que o fio que conduz a esse mundo é de origem subjetiva. Pois tão subjetiva quanto a impressão sensorial também é agora a regra, conforme a qual essa impressão deve ser concebida como o efeito de uma causa; causa essa que é a única a ser intuída como mundo objetivo, uma vez que o sujeito supõe um objeto fora dele, apenas em conseqüência da particularidade de seu entendimento de pressupor uma causa para cada alteração. Assim, na realidade, o sujeito projeta esse objeto para fora de si mesmo, num espaço preparado para esse fim e que também é um produto de sua natureza própria e primária, tanto quanto a sensação específica nos órgãos sensoriais, por meio dos quais esse processo ocorre. Por conseguinte, aquele mundo objetivo de coisas em si, apresentado por Locke, foi transformado por Kant num mundo de meros fenômenos em nosso aparato cognitivo, e isso tão mais completamente na medida em que o espaço em que eles se apresentam bem como o tempo em que transcorrem foram comprovados por ele como sendo inegavelmente de origem subjetiva.

No entanto, apesar de tudo, tanto KANT quanto LOCKE permitiram que a coisa em si continuasse a existir, ou seja, algo que existiria independentemente de nossas representações, que, como tais, nos fornecem simples aparências, e justamente serviria de base a elas. Ainda que, nesse caso, Kant tivesse razão em si e por si, não se deveria deduzir dos princípios estabelecidos por ele a justificação para essa tese. Esse era, portanto, o calcanhar-de-aquiles de sua filosofia, e essa teve de perder o reconhecimento já alcançado de sua validade e verdade incondicionadas devido à comprovação dessa inconseqüência. Só que, em última instância, não lhe foi feita justiça a esse respeito. Pois não há dúvida alguma de que a suposição de uma coisa em si por trás das aparências, de um núcleo real sob tantos envoltórios, não é absolutamente verdadeira. Ao contrário, a negação disso seria absurda. Somente o modo como Kant introduziu tal coisa em si e tentou uni-la a seus princípios era errôneo. Destarte, no fundo, somente sua exposição (tomando essa palavra em seu sentido mais abrangente) do assunto, e não o próprio, é que sucumbiu a seus oponentes, e, nesse sentido, pode-se afirmar que a argumentação validada contra ele na verdade foi apenas *ad hominem*[a], e não *ad rem*[b]. Em todo caso, porém, o provérbio indiano novamente encontra aplicação aqui: "Não há flor de lótus sem caule." Kant foi guiado pela verdade certamente sentida de que por trás de toda aparência há algo existente em si mesmo, do qual esse fenômeno obtém sua existência; ou seja, por trás da representação há algo representado. Mas ele se propôs deduzir isso da representação dada em si, recorrendo às suas leis conhecidas por nós *a priori*, que justamente por serem *a priori* não podem conduzir a algo independente ou diferente do fenômeno ou da representação. Por essa razão, é preciso que se tome um caminho totalmente diferente para chegar a esse fim. As inconseqüências em que Kant se envolveu devido ao rumo equivocado, tomado por ele a esse respeito, foram-lhe demonstradas por G. E. SCHULTZE, que, com seu estilo pesado e prolixo, discutiu o assunto inicialmente de maneira anônima em *Aenesidemus*

---

[a] Em função do interlocutor.

[b] Em função do objeto da discussão.

e, mais tarde, em sua *Kritik der theoretischen Philosophie* [Crítica da filosofia teorética] (vol. 2), contra a qual REINHOLD conduziu a defesa de Kant, embora sem grande sucesso.

Quero salientar aqui, à minha maneira e com toda clareza, o que é realmente essencial no assunto que serve de base a toda a controvérsia, independentemente da concepção de Schultze a respeito. KANT nunca forneceu uma dedução rigorosa da coisa em si; ao contrário, herdou-a de seus antecessores, especialmente de LOCKE, e conservou-a como algo de cuja existência não se deve duvidar, uma vez que é evidente. Na verdade, até certo ponto, ele tinha de proceder assim. Segundo as descobertas de Kant, nosso conhecimento empírico contém um elemento que é comprovadamente de origem subjetiva, e outro para o qual não vale o mesmo; assim, este último permanece objetivo, pois não há razão para considerá-lo subjetivo. Por conseguinte, o idealismo transcendental de Kant refuta a essência objetiva das coisas ou sua realidade, que é independente de nossa concepção, certamente até o ponto em que o *a priori* se estende em nosso conhecimento, porém não além dele. Isso porque justamente a razão para essa refutação não vai mais além. Assim, ele deixa existir o que está além disso, ou seja, todas aquelas propriedades das coisas que não podem ser construídas *a priori*. Pois toda a essência dos fenômenos dados, ou seja, do mundo corporal, não é absolutamente determinável por nós *a priori*; ao contrário, apenas a forma universal de seu fenômeno o é, e essa pode ser reduzida ao espaço, ao tempo e à causalidade, juntamente com toda a legitimidade dessas três formas. Em contrapartida, aquilo que é deixado sem determinação por todas as formas existentes *a priori*, ou seja, o que é contingente em relação a elas, é justamente a manifestação da coisa em si. Assim, o conteúdo EMPÍRICO dos fenômenos, ou seja, toda determinação mais detalhada deles, toda qualidade física que aparece neles só são reconhecidas *a posteriori*. Destarte, essas propriedades empíricas (ou antes, sua fonte comum) ficam para a coisa em si, como manifestações de sua própria essência, mediante o meio de todas as formas apriorísticas. Por conseguinte, esse *a posteriori*, que aparece em todo fenômeno como que envolto no *a priori*, mas que confere a todo ser seu caráter especial e individual, é a MATÉRIA do mundo fenomênico, em oposição à sua FORMA. Essa matéria não pode absolutamente ser deduzida das FORMAS do fenômeno aderidas ao sujeito, tão cuidadosamente investigadas por Kant e seguramente comprovadas pela característica da aprioridade. Ao contrário, ela continua existindo após a subtração de tudo o que flui dessas formas, portanto encontra-se como um segundo elemento, completamente distinto, do fenômeno empírico e como um acréscimo estranho a essas formas. Mas, por outro lado, tampouco procede absolutamente do arbítrio do sujeito cognoscente, e sim, muitas vezes, é oposta a ele. Desse modo, Kant não hesitou em deixar essa MATÉRIA do fenômeno à coisa em si e, portanto, em considerá-la como vinda inteiramente de fora, pois ela tem de vir de algum lugar ou, segundo suas próprias palavras, precisa ter algum fundamento. Todavia, como não podemos isolar completamente essas propriedades, distinguíveis apenas *a posteriori*, nem concebê-las como separadas e purificadas daquelas que certamente são *a priori*, mas que sempre aparecem envolvidas nestas últimas, KANT ensina que podemos conhecer a EXISTÊNCIA das coisas em si, porém nada além dela. Em outros termos, que sabemos apenas QUE elas existem, mas não O QUE são. Por isso, para ele, a essência das coisas em si permanece como uma dimensão desconhecida, um x. Pois a FORMA do fenômeno reveste e esconde por toda parte a essência da coisa em si. No máximo, podemos dizer o seguinte: como aquelas formas aprioristicas pertencem a todas as coisas, como fenômenos, sem distinção, uma vez que partem de nosso entendimento; ao mesmo tempo, as coisas indicam diferenças muito significativas. Assim, o que determina essas diferenças, ou seja, a variedade específica das coisas, é a coisa em si.

Considerando a questão a partir dessa perspectiva, a hipótese e a pressuposição de Kant em relação às coisas em si, sem levar em conta a subjetividade de todas as nossas formas de conhecimento, parecem estar perfeitamente autorizadas e justificadas. Contudo, mostram ser insustentáveis quando se examina a fundo seu único argumento, a saber, o conteúdo empírico em todos os fenômenos, e se remonta à sua origem. Certamente, no conhecimento empírico e em sua fonte, ou seja, a representação intuitiva, existe uma MATÉRIA independente de sua forma, que *a priori* é conhecida por nós. A próxima questão é saber se essa matéria é de origem objetiva ou subjetiva, pois somente no primeiro caso ela pode garantir a coisa em si. Se remontarmos à sua origem, só a encontraremos em nossa IMPRESSÃO SENSORIAL, pois uma alteração na retina, ou nos nervos auditivos, ou na ponta dos dedos é o que introduz a representação intuitiva, isto é, o que primeiro coloca em jogo todo o aparato de nossas formas de conhecimento que já existem *a priori*, cujo resultado é a percepção de um objeto externo. A essa alteração sentida nos órgãos sensoriais aplica-se primeiramente a LEI DA CAUSALIDADE, mediante uma função *a priori* necessária e inevitável do entendimento. Com sua certeza e sua segurança aprioristicas, essa lei conduz a uma CAUSA daquela alteração, que, por não residir na arbitrariedade do sujeito, apresenta-se agora como algo EXTERNO a ele, uma propriedade que só tem significação mediante a forma do ESPAÇO. Todavia, tendo em vista esse fim, essa forma também é imediatamente acrescentada pelo próprio entendimento. Assim, aquela CAUSA que necessariamente deve ser pressuposta logo se apresenta de maneira intuitiva, como um OBJETO no espaço, que contém em si mesmo, como suas propriedades, as alterações que essa causa provocou em nossos órgãos sensoriais. Todo esse processo encontra-se exposto com detalhes e de modo aprofundado na segunda edição de meu ensaio sobre o princípio da razão, § 21. No entanto, a impressão sensorial, que fornece o ponto de partida para esse processo e, sem dúvida nenhuma, toda a MATÉRIA para a intuição empírica, é algo inteiramente subjetivo. E, como todas as FORMAS de conhecimento, mediante as quais a representação objetiva e intuitiva surge a partir da matéria e é projetada para fora, segundo a demonstração totalmente correta de Kant, também são de origem subjetiva, é claro que tanto a matéria quanto a forma da representação intuitiva surgem a partir do sujeito. Portanto todo o nosso conhecimento empírico decompõe-se em dois componentes, que têm sua origem EM NÓS MESMOS e que constituem a impressão sensorial e as formas tempo, espaço e causalidade, dadas *a priori* e, portanto, dispostas nas funções de nosso entendimento ou cérebro. De resto, Kant acrescentara a essas formas mais outras onze categorias do entendimento, que demonstrei serem superficiais e inadmissíveis. Por conseguinte, a representação intuitiva e nosso conhecimento empírico, baseado nela, na verdade não fornecem nenhum dado que permita inferir coisas em si, e Kant, segundo seus princípios, não estava autorizado a admiti-las. Como todas as filosofias anteriores, a de Locke também havia considerado a lei da causalidade como absoluta e, por isso, estava justificada a deduzir da impressão sensorial coisas externas, independentes de nós e que existem realmente. Contudo, essa transição do efeito à causa é o único caminho para se chegar diretamente do elemento dado interna e subjetivamente àquele existente externa e objetivamente. Porém, depois que KANT conferiu a lei da causalidade à forma de conhecimento do sujeito, esse caminho não estava mais aberto para ele. Além disso, ele próprio advertiu, com bastante freqüência, contra o uso transcendente da categoria da causalidade, ou seja, um uso que ultrapassa a experiência e sua possibilidade.

De fato, a coisa em si nunca pode ser alcançada por esse caminho e de modo algum por aquele do conhecimento puramente OBJETIVO, que sempre será representação, mas, como tal, enraíza-se no sujeito e nunca pode fornecer algo realmente diferente da representação. Contudo, só podemos alcançar a coisa em si se MUDAMOS uma vez de PONTO DE VISTA, ou seja, em vez de partir, como até agora, sempre do que REPRESENTA, partir uma vez do que É REPRESENTADO. Mas isso só é possível para cada um numa única coisa, que lhe é acessível a partir de dentro e, portanto, lhe é dada de duas maneiras: é seu próprio corpo que, no mundo objetivo, também existe justamente como representação no espaço; ao mesmo tempo, porém, manifesta-se à sua AUTOCONSCIÊNCIA COMO VONTADE. Com isso, ele fornece a chave para compreender, em primeiro lugar, todas as suas ações e os seus movimentos, provocados por causas externas (aqui, motivos), que, sem esse exame interno e imediato em sua essência, permaneceriam tão incompreensíveis e inexplicáveis para nós quanto as alterações que ocorrem segundo as leis da natureza e como manifestações das forças naturais em todos os corpos restantes, que nos são dados apenas na intuição objetiva. Além disso, fornece a chave para elucidar o SUBSTRATO permanente de todas essas ações, no qual se enraízam as forças para elas, portanto o próprio corpo. Em seguida, esse conhecimento imediato que cada um tem da essência de seu próprio fenômeno – fenômeno esse que, de resto, como todos os outros, lhe é dado igualmente apenas na intuição objetiva – precisa ser transposto por analogia para os fenômenos restantes, que são dados apenas do último modo, tornando-se então a chave para o conhecimento da essência interna das coisas, ou seja, das coisas em si. A esse conhecimento só se pode chegar por um caminho totalmente diferente do conhecimento puramente OBJETIVO, que permanece como mera representação, recorrendo à AUTOCONSCIÊNCIA do sujeito do conhecimento, que sempre aparece apenas como indivíduo animal, e fazendo dele um intérprete da CONSCIÊNCIA DE OUTRAS COISAS, isto é, do entendimento intuitivo. Esse é o caminho que percorri e é o único correto, o estreito portão para a verdade.

Em vez de seguir por esse caminho, confundiu-se a exposição de Kant com a essência da questão; acreditou-se que, com a primeira, a segunda também seria refutada; considerou-se *argumenta ad rem* o que no fundo não passava de *argumenta ad hominem*; e, como conseqüência dos ataques de Schultze, declarou-se a filosofia de Kant como insustentável. Assim, o campo estava então livre para os sofistas e fanfarrões. O primeiro dessa espécie a se apresentar foi FICHTE, que, uma vez que a coisa em si acabara de cair em descrédito, logo preparou um sistema sem a coisa em si. Por conseguinte, rejeitou admitir qualquer coisa que não fosse plenamente nossa mera representação, ou seja, deixou o sujeito cognoscente ser tudo em tudo ou produzir tudo com meios próprios. Para esse fim, suprimiu imediatamente o essencial e o mais meritório da doutrina de Kant, a distinção entre *a priori* e *a posteriori*, e, com isso, entre a aparência e a coisa em si, declarando tudo como sendo *a priori*, naturalmente sem provas para tal asserção monstruosa. Em vez destas, deu, em parte, aparentes demonstrações sofistas e até mesmo disparatadas, cujo absurdo se escondia sob a máscara da profundidade e da incompreensibilidade supostamente produzida por ela; em parte, referiu-se, de maneira franca e atrevida, à intuição intelectual, ou seja, na verdade, à inspiração. Para um público sem nenhuma capacidade de julgamento e indigno de Kant, isso certamente era suficiente: esse público considerava o excesso como excelência e, por conseguinte, declarava FICHTE um filósofo ainda maior do que Kant. De fato, mesmo hoje não faltam escritores filosóficos que se esforçam para impingir à nova geração a falsa fama de Fichte, que se tornou tradicional, e para assegurar, com toda seriedade, que KANT apenas tentou aquilo que foi realizado por FICHTE: ELE é que, na verdade, estaria com a razão. Com seu julgamento de Midas em segunda instância, esses senhores expõem sua total incapacidade de entender alguma coisa de Kant. Com efeito, chegam a revelar sua deplorável falta de compreensão de modo tão palpável e claro que é de esperar que a nova geração, por fim, desiludida, evite desperdiçar tempo e inteligência com suas inúmeras histórias da filosofia e outras escrevinhações. Quero aproveitar essa oportunidade para relembrar um pequeno texto, a partir do qual se pode ver a impressão causada pela aparição pessoal e pelo comportamento de Fichte nos contemporâneos imparciais. A obra intitula-se *Kabinet Berliner Charaktere* [Gabinete de caracteres berlinenses] e foi publicada em 1808, sem indicação do local de impressão; deve ser de BUCHHOLZ, mas não tenho certeza.

Digno de seu antecessor, SCHELLING logo seguiu os passos de Fichte, que, no entanto, abandonou, a fim de anunciar sua própria descoberta, a absoluta identidade do subjetivo e do objetivo ou do ideal e do real. Esta implica que tudo o que gênios raros, como KANT e LOCKE, separaram empregando perspicácia e reflexão de maneira inacreditável, deveria ser novamente despejado na papa daquela absoluta identidade. Pois a doutrina desses dois pensadores pode ser apropriadamente designada como a da DIVERSIDADE ABSOLUTA DO IDEAL E DO REAL OU DO SUBJETIVO E DO OBJETIVO. Mas então foi se passando de uma aberração a outra. Se uma vez a incompreensibilidade do discurso foi introduzida por Fichte e a profundidade aparente foi colocada no lugar do pensamento, estava semeado o grão do qual deveria brotar uma corrupção após a outra e, finalmente, a total desmoralização da filosofia, que chegou até nossos dias e, por meio dela, a desmoralização da literatura.

SCHELLING foi sucedido por uma criatura filosófica e ministerial: HEGEL, que, com propósitos políticos e equivocados, foi qualificado de cima a baixo de grande filósofo. Um charlatão trivial, insípido, repugnante, repulsivo e ignorante, que, com atrevimento sem igual, garatujou loucuras e disparates, divulgados por seus seguidores mercenários como sabedoria imortal e aceitos como tal por néscios, o que deu origem a um perfeito coro de admiração tão completo como nunca se ouvira antes[2]. A extensa atividade mental usurpada de tal homem teve como resultado a degradação intelectual de toda uma geração erudita. Pelos admiradores da pseudofilosofia espera o desprezo da posteridade, que neste momento já tem como prelúdio o escárnio dos VIZINHOS, agradável de ouvir. Ou não deverá soar como melodia para meus ouvidos quando a nação, cuja casta erudita durante trinta anos considerou meus trabalhos como nada e menos do que nada e nem se dignou a olhá-los, recebe de seus vizinhos a fama de ter venerado e até deificado por trinta anos, como suma e inaudita sabedoria, o que é totalmente ruim, absurdo, sem sentido e que, ao mesmo tempo, serve a propósitos materiais? Como bom patriota, por aca-

---

2. Ver o prólogo à minha obra *Problemas fundamentais da ética*.

so devo alongar-me em louvor aos alemães e ao germanismo e ficar feliz por pertencer a essa nação e a nenhuma outra? Mas é como diz o provérbio espanhol: *Cada uno cuenta de la feria, como le va en ella* (Cada um fala da feira conforme sua própria experiência). Ide aos aduladores da plebe* e deixai-vos adular! Charlatães hábeis, grosseiros, inflados por ministros, escrevinhadores de absurdos, sem espírito nem mérito, isso é o que cabe aos alemães, não a homens como eu. Esse é o testemunho que tenho a dar-lhes ao despedir-me. Wieland (*Briefe an Merk* [Cartas a Merk]) chama de infortúnio nascer alemão. Bürger, Mozart, Beethoven, entre outros, teriam concordado com ele: eu também. Isso depende do fato de que σοφον ειναι δει τον επιγνωσομενον τον σοφον[a], ou de que *il n'y a que l'esprit qui sente l'esprit*[b].

Às páginas mais brilhantes e meritórias da filosofia kantiana pertence indiscutivelmente a DIALÉTICA TRANSCENDENTAL, com a qual ele solapou a teologia e a psicologia especulativas a tal ponto que, desde então, mesmo com a melhor das vontades, não foi capaz de erigi-las novamente. Que benefício para o espírito humano! Ou por acaso não vemos, durante todo o período desde o renascimento das ciências até Kant, que mesmo os pensamen-

---

* Em alemão: *Demokolaken*, combinação dos termos gregos *demos* (povo) e *kolakeuw* (lisonjear, adular). (N. da T.)

[a] O sábio é que reconhece outro sábio.

[b] Só o espírito compreende o espírito. (N. da T.)

tos dos homens mais ilustres tomam um rumo equivocado, aliás com freqüência se deslocam por completo, como conseqüência das duas pressuposições simplesmente invioláveis, que paralisam todo o espírito, são subtraídas de toda investigação e depois morrem para ela? Será que as visões primárias e mais essenciais de nós mesmos e de todas as coisas não são excêntricas e falsificadas quando partimos da pressuposição de que tudo isso é produzido e organizado a partir de fora, segundo conceitos e intenções examinadas a fundo por um ser pessoal e, portanto, individual? E será que não acontece o mesmo quando supomos que a essência fundamental do homem é algo pensante e que ele consiste de duas partes totalmente heterogêneas, que se associaram e se uniram, sem que saibamos como, e que têm de lidar uma com a outra da melhor maneira possível, para logo se separarem para sempre *nolentes volentes*? Quão fortemente a crítica de Kant a essas representações e seus fundamentos influiu sobre todas as ciências é evidente a partir do fato de que, desde então, pelo menos na literatura alemã superior, aquelas pressuposições aparecem quando muito apenas em sentido figurado, mas já não são levadas a sério. Ao contrário, são deixadas aos textos populares e aos professores de filosofia, que fazem delas seu ganha-pão. Especialmente nossas obras sobre ciência natural estão isentas de tais coisas, enquanto as inglesas perdem o valor diante de nossos olhos com locuções e diatribes ou com apologias que aludem a elas.

Pouco antes de Kant, tudo era muito diferente; assim, vemos, por exemplo, até o eminente Lichtenberg, cuja formação juvenil ainda era pré-kantiana, sustentar seriamente e com convicção em seu ensaio sobre a fisiognomonia a antítese da alma e do corpo, arruinando seu trabalho.

Quem pondera a respeito desse alto valor da DIALÉTICA TRANSCENDENTAL não julgará superficial se eu a tratar aqui de modo mais específico. Sendo assim, em primeiro lugar, apresento aos conhecedores e admiradores da *Crítica da razão* a seguinte tentativa: conceber de maneira totalmente diferente e, portanto, criticar o argumento – o que já é feito nas páginas sob o título "Paralogismo da personalidade" – na crítica da psicologia racional, tal como ela aparece completa apenas na primeira edição, enquanto nas subseqüentes aparece castrada. Pois a exposição certamente profunda de Kant a esse respeito não apenas é extremamente sutil e difícil de entender, mas também deve ser criticada pelo fato de tomar o objeto da autoconsciência ou, na linguagem de Kant, do sentido interior, repentinamente e sem outra autorização, como o objeto de uma consciência estranha e até mesmo de uma intuição externa, para depois julgá-lo conforme as leis e analogias do mundo corporal. Deve, pois, ser criticada pelo fato de permitir-se admitir dois tempos diferentes: um na consciência do sujeito julgado e outro na do sujeito julgador, sendo que ambos não entram em harmonia. Destarte, eu daria ao mencionado argumento da personalidade um rumo totalmente diferente e o apresentaria nas duas seguintes proposições:

1) Em relação a todo movimento de modo geral, independentemente de sua espécie, pode-se estabelecer *a priori* que ele se tornará em primeiro lugar perceptível pela comparação com alguma coisa em repouso. Disso resulta que o curso do tempo, com tudo o que compreende, não poderia ser percebido se não existisse algo que dele tomasse parte e com cujo repouso comparamos seu movimento. Nesse caso, certamente julgamos segundo a analogia do movimento no espaço; mas espaço e tempo sempre precisam servir para esclarecer-se mutuamente. Sendo assim, também temos de apresentar o tempo sob a imagem de uma linha reta, a fim de construí-lo *a priori*, concebendo-o intuitivamente. Por conseguinte, não somos capazes de imaginar que, se tudo em nossa consciência avança, simultânea e globalmente, no fluxo do tempo, esse movimento deveria ser perceptível. No entanto, para esse propósito, teríamos de pressupor algo estável, pelo qual o tempo fluísse com seu conteúdo. Para a intuição do sentido externo, isso é produzido pela matéria como substância permanente, sob a mudança dos acidentes, como Kant também explica na demonstração da "Primeira analogia da experiência", na página 183 da 1ª edição. Contudo, é justamente nessa passagem que ele comete o erro intolerável, já censurado por mim em outra ocasião e que contradiz sua doutrina, de dizer que não é o tempo em si que flui, mas apenas os fenômenos contidos nele. Que isso é fundamentalmente falso é o que nos prova a firme certeza, inerente a todos nós, de que mesmo que todas as coisas no

céu e na terra de repente parassem, o tempo, indiferente a isso, continuaria seu curso, de maneira que, se mais tarde a natureza entrasse novamente em movimento, a questão sobre a extensão da pausa previamente existente seria capaz em si mesma de uma resposta bastante precisa. Se fosse de outro modo, o tempo também teria de parar com o relógio ou acompanhá-lo quando ele andasse. Porém, precisamente essa circunstância, junto com nossa certeza *a priori* a respeito, prova incontestavelmente que o tempo tem seu curso e, portanto, sua essência EM nossa mente, e não fora dela. No âmbito da intuição externa, conforme eu disse, a matéria é o que permanece. Por outro lado, em nosso argumento da personalidade, trata-se apenas da percepção do sentido INTERNO, na qual também se admite a do externo. Por essa razão, eu disse que se nossa consciência, com todo o seu conteúdo, avança de maneira uniforme na corrente do tempo, não podemos perceber esse movimento. Sendo assim, na consciência em si deve haver algo imóvel. Esse não pode ser outra coisa além do próprio sujeito cognoscente, que, inabalável e inalterado, contempla o curso do tempo e a mudança de seu conteúdo. Diante de seu olhar, a vida segue até o fim, como um espetáculo. Sentimos quão pouco ele toma parte nesse percurso quando evocamos com vivacidade na velhice as cenas da juventude e da infância.

2) Interiormente, na autoconsciência, ou, nas palavras de Kant, por meio do sentido interno, reconheço-me apenas no TEMPO. Porém, considerando OBJETIVAMENTE,

não pode haver no mero tempo algo que permaneça, pois isso pressupõe uma duração, mas essa é coexistência, que, por sua vez, é o ESPAÇO (a justificação dessa proposição encontra-se em meu ensaio *Sobre o princípio da razão*, 2ª ed., § 18, bem como em *O mundo como vontade e como representação*, vol. 1, § 4). Não obstante, porém, encontro-me de fato como o substrato permanente de minhas representações, ou seja, sempre presente em todas as mudanças e que está para essas representações como a matéria está para seus acidentes cambiantes. Por conseguinte, tanto quanto ela, merece o nome de SUBSTÂNCIA e, como não é espacial e, portanto, não extenso, merece o nome de SUBSTÂNCIA SIMPLES. Todavia, como já dito, uma vez que no mero tempo, por si só, não se pode apresentar nada de permanente, a substância em questão é percebida não pelo sentido externo e, conseqüentemente, não no ESPAÇO. Sendo assim, para conceber essa substância como algo permanente em relação ao curso do tempo, temos de tomá-la como colocada fora do tempo e dizer: todo objeto reside no tempo, ao contrário do verdadeiro sujeito cognoscente. Como fora do tempo tampouco há cessação ou fim, teríamos, no sujeito cognoscente em nós, uma substância permanente, contudo nem espacial, nem temporal, e, por conseguinte, indestrutível.

Para demonstrar como um paralogismo esse argumento, assim concebido, da personalidade, seria necessário dizer que sua segunda proposição se apóia num fato empírico, ao qual se pode opor o seguinte: o de que o sujeito cognoscente está vinculado à vida e até mesmo à vigília, e, portanto, sua permanência durante ambas não prova absolutamente que ela também pode existir fora delas. Pois, para a duração do estado consciente, essa permanência factual está muito distante e é até *toto genere* distinta da permanência da matéria (essa origem e única realização do conceito SUBSTÂNCIA). Conhecemos a matéria na intuição e compreendemos *a priori* não apenas sua duração factual, mas sua indestrutibilidade necessária e a impossibilidade de sua aniquilação. Porém, é pela analogia dessa substância realmente indestrutível que gostaríamos de admitir uma SUBSTÂNCIA PENSANTE em nós, dotada certamente de uma continuação infinita. Sem levar em conta o fato de que essa última substância seria a analogia com um mero fenômeno (a matéria), o erro cometido pela razão dialética na prova anterior consiste no fato de que ela trata a permanência do sujeito, na mudança de todas as suas representações no tempo, como a permanência da matéria que nos é dada na intuição e, por conseguinte, inclui ambas no conceito da substância, a fim de atribuir àquela suposta substância imaterial tudo o que ela pode afirmar a respeito da matéria *a priori*, ainda que sob as condições da intuição, especialmente a duração ao longo do tempo. Todavia, a permanência dessa substância imaterial depende, antes, apenas do fato de que ela própria é imaginada como se não existisse em tempo algum, para não dizer em todos.

Com isso, as condições da intuição, em conseqüência das quais a indestrutibilidade da matéria *a priori* é declarada, são expressamente abolidas aqui, em particular a espacialidade. Nesta última se baseia justamente (de acordo com as passagens de minhas obras mencionadas acima) a permanência da matéria.

Entretanto, o paralogismo da personalidade, conforme o concebi, dá em seu primeiro argumento a prova *a priori* de que, em nossa consciência, deve haver algo permanente; no segundo, demonstra a mesma coisa *a posteriori*. Considerando o conjunto, nisso parece estar radicada a verdade, que, por regra, encontra-se na base de todo erro, bem como naquele da psicologia racional. Essa verdade é que, mesmo em nossa consciência empírica, certamente pode-se demonstrar um ponto eterno, mas também apenas um ponto, e precisamente apenas demonstrá-lo, sem que dele se obtenha matéria para demonstrações ulteriores. Refiro-me aqui à minha própria doutrina, segundo a qual o sujeito cognoscente é o que conhece tudo, mas não é conhecido. Contudo, concebemo-lo como o ponto fixo, junto ao qual o tempo passa com todas as representações, uma vez que seu curso em si certamente só pode ser conhecido em oposição a algo permanente. Chamei isso de ponto de contato do objeto com o sujeito. Para mim, o sujeito do conhecimento, como o corpo, cuja função cerebral apresenta-se objetivamente, é um fenômeno da vontade, que, como única coisa em si, constitui aqui o substrato do correlato de todos os fenômenos, isto é, do sujeito do conhecimento.

Se passarmos agora para a COSMOLOGIA RACIONAL, encontraremos em suas antinomias expressões marcantes da perplexidade que surge do princípio da razão e que desde sempre levou a filosofar. A intenção dessa exposição é enfatizar essa perplexidade de modo mais claro e sem rodeios, por um caminho diferente daquele tomado por Kant. Diversamente da discussão kantiana, essa exposição não age de maneira apenas dialética com conceitos abstratos, mas dirige-se de imediato à consciência intuitiva.

O TEMPO não pode ter início, e nenhuma CAUSA pode ser a primeira. Ambos são certos *a priori* e, portanto, incontestáveis. Pois todo início está NO tempo e, portanto, o pressupõe; e toda causa precisa ter outra anterior a si, da qual é o efeito. Sendo assim, como um primeiro início do mundo e das coisas pode ter ocorrido um dia? (Nesse sentido, pois, certamente o primeiro versículo do Pentateuco parece uma *petitio principii*[a] e precisamente no sentido mais literal do termo.) Mas, por outro lado, se NÃO tivesse havido um primeiro início, o presente real e atual não poderia ser SOMENTE AGORA, mas já teria ocorrido HÁ MUITO TEMPO. Pois, entre esse presente e o primeiro início, teríamos de admitir um intervalo determinado e delimitado, que porém, caso negássemos o início, ou seja, se o fizéssemos retroceder ao infinito, também retrocederia. Mas MESMO que estabelecêssemos um primei-

---

[a] Petição de princípio.

ro início, no fundo isso não nos ajudaria em nada, pois, se assim interrompermos arbitrariamente a corrente causal, logo o mero tempo se nos mostrará como uma dificuldade. Com efeito, a pergunta sempre renovada "por que aquele primeiro início não ocorreu antes?" o empurrará, passo a passo, cada vez mais para o tempo sem início, fazendo com que a corrente das causas existentes entre ele e nós seja elevada de tal maneira que nunca poderá ser longa o suficiente para alcançar o presente atual; desse modo, ela AINDA NÃO teria chegado a ele. Todavia, esse parecer é contradito pelo fato de que o presente EXISTE realmente agora e até constitui nossa única data para o cálculo. No entanto, a justificativa para a questão anterior e tão incômoda surge do fato de que o primeiro início, como tal, não pressupõe nenhuma causa anterior a ele e justamente por isso poderia ter ocorrido, de igual maneira, há trilhões de anos. Se não precisou de nenhuma causa para ocorrer, tampouco precisou esperar por alguma. Assim, deve ter ocorrido infinitamente antes, pois nada havia para impedi-lo. Pois, como nada deve preceder o primeiro início como sua causa, nada deve precedê-lo enquanto seu obstáculo. Destarte, ele simplesmente não precisa esperar por nada e nunca chega cedo o suficiente. Por essa razão, seja qual for o ponto de vista em que o coloquemos, nunca compreenderemos por que ele não ocorreu muito antes. Isso o faz retroceder cada vez mais. Porém, como o tempo em si não pode absolutamente ter um início, um tempo infinito, uma eternidade sempre já terá corrido até o momento atual. Por isso, o retrocesso ao início do mundo acaba sendo infinito, de modo que toda corrente causal que parte dele até nós mostra-se demasiadamente curta, tendo como conseqüência o fato de que a partir dela nunca alcançamos o presente. Isso resulta de nossa falta de um ponto fixo e dado de ligação (*point d'attache*) e de nossa suposição arbitrária desse ponto em algum lugar, que, no entanto, sempre escapa de nossas mãos, recuando em direção ao infinito. Por conseguinte, quando estabelecemos um PRIMEIRO INÍCIO e dele partimos, nunca CHEGAMOS AO PRESENTE.

Ao contrário, se partirmos do PRESENTE realmente dado, nunca chegaremos, conforme já mencionado, ao PRIMEIRO INÍCIO. Pois toda causa a que ascendemos deve ter sido sempre o efeito de outra anterior, que se encontra novamente no mesmo caso, e isso não pode absolutamente alcançar nenhum fim. Sendo assim, agora o mundo não tem início para nós, como acontece com o próprio tempo infinito. Aqui, nossa capacidade de imaginação é exaurida e nosso entendimento não obtém nenhuma satisfação.

Por conseguinte, essas duas visões opostas devem ser comparadas a um bastão, do qual UM dos extremos, precisamente aquele que se quer, pode ser segurado com comodidade, enquanto o outro prolonga-se sempre ao infinito. Porém, o essencial da questão pode ser resumido na seguinte frase: o tempo, como simplesmente infinito, mostra-se sempre grande demais para um mundo que se supõe ser FINITO dentro dele. No entanto, no fundo, confirma-se aqui novamente a verdade da "antítese" na antinomia kantiana, pois, se partirmos do unicamente certo e realmente dado, ou seja, do presente real, teremos como resultado a ausência de início. Em contrapartida, o primeiro início é meramente uma suposição arbitrária, que porém, como tal, tampouco pode ser combinada com o que antes dissemos ser a única coisa certa e real, o presente. De resto, devemos encarar essas observações como aquelas que revelam os disparates oriundos da suposição da realidade absoluta do tempo e, por conseguinte, como confirmações da doutrina fundamental de Kant.

A questão sobre se o mundo é limitado ou não conforme o ESPAÇO não é simplesmente transcendente, mas sim empírica em si, pois ainda reside no campo da experiência possível, que poderíamos de fato realizar, não fosse o impedimento de nossa própria natureza física. *A priori*, não há aqui nenhum argumento certo e demonstrável nem para uma, nem para outra alternativa; de maneira que a questão realmente se assemelha a uma antinomia, contanto que numa e noutra suposição distingam-se inconvenientes significativos. Com efeito, um mundo limitado no espaço infinito diminui, por maior que seja, até chegar a uma dimensão infinitamente pequena, o que nos leva a perguntar para que serve o espaço restante. Por outro lado, não conseguimos conceber que nenhuma estrela fixa seja a mais remota no espaço. Diga-se de passagem, os planetas dessa estrela teriam um céu estrelado à noite apenas durante a metade do ano, mas outro sem estrelas durante a outra metade, o que necessariamente causaria uma impressão muito inquietante aos habitantes. Sendo assim, aquela questão também pode ser expressa da seguinte forma: existe alguma estrela fixa cujos planetas se encontram nessas categorias ou não? Aqui ela se apresenta como manifestamente empírica.

Em minha crítica da filosofia kantiana, demonstrei que toda a suposição das antinomias é falsa e ilusória. Com a devida reflexão, qualquer indivíduo reconhecerá de antemão como impossível que conceitos, deduzidos corretamente dos fenômenos e de suas leis certas *a priori*, mas depois associados a julgamentos e conclusões, de acordo com as leis da lógica, devam levar a contradições. Pois no fenômeno em si, dado intuitivamente, ou na conexão regular de seus membros deveriam então existir contradições, o que é uma suposição impossível. E isso porque o intuitivo como tal não conhece nenhuma contradição; em relação àquele, esta não tem nenhum sentido, tampouco significação, pois existe meramente no conhecimento abstrato da reflexão; pode-se muito bem, aberta ou secretamente, estabelecer ou não algo ao mesmo tempo, ou seja, entrar em contradição, mas algo real não pode ser e não ser ao mesmo tempo. Zenão de Eléia, com seus conhecidos sofismas, bem como Kant, com suas antinomias, certamente quiseram apresentar o oposto do mencionado acima. Por isso, remeto à minha crítica das últimas.

O mérito de Kant em relação à TEOLOGIA ESPECULATIVA já foi aludido de modo geral. Para salientá-lo ainda mais, quero agora tentar tornar bastante compreensível o essencial da questão à minha maneira e com a máxima brevidade.

Na religião cristã, a existência de Deus é coisa decidida e superior a todas as investigações. E assim é que deve ser, pois a ela pertence e nela está fundada por revelação. Por isso, considero um erro dos materialistas quando eles, em seus dogmas, tentam provar a existência de Deus de modo diferente do que pela Escritura. Em sua inocência, não sabem quão perigoso é esse passatempo. Por outro lado, a filosofia é uma ciência e, como tal, não possui nenhum artigo de fé. Por conseguinte, nela não se pode supor nada como existente, exceto aquilo que é dado de maneira direta e empírica ou que é demonstrado por conclusões indubitáveis. Naturalmente, os homens acreditavam possuí-la havia muito, quando Kant decepcionou o mundo a esse respeito e até apresentou com tanta segurança a impossibilidade de tais provas que a partir de então nenhum filósofo na Alemanha tentou novamente expor coisa semelhante. Para tanto, ele estava completamente autorizado. De fato, realizou algo extremamente meritório, pois um dogma teórico, que se permite caracterizar como patife todo aquele que não o admite, merecia, na realidade, ser seriamente examinado.

Quanto às supostas provas, a situação é a seguinte: como a REALIDADE da existência de Deus não pode ser mostrada por uma evidência empírica, o próximo passo teria sido realmente estabelecer sua POSSIBILIDADE, com a qual já teríamos encontrado dificuldades suficientes. Em vez disso, tenta-se até mesmo provar sua NECESSIDADE, ou seja, apresentar Deus como SER NECESSÁRIO. Mas a NECESSIDADE, conforme demonstrei com bastante freqüência, nada é além da dependência de uma conseqüência em relação à sua causa, portanto o aparecimento ou estabelecimento da conseqüência, pois a causa é dada. Desse modo, para esse objetivo poderia eleger-se uma das quatro formas do princípio da razão por mim demonstradas, das quais apenas as duas primeiras foram consideradas utilizáveis. Destarte, surgiram duas provas teológicas, a cosmológica e a ontológica, uma conforme o princípio da razão do devir (causa) e a outra conforme o princípio da razão do conhecimento. A primeira pretende, segundo a lei da CAUSALIDADE, apresentar aquela NECESSIDADE como FÍSICA, uma vez que concebe o mundo como um EFEITO que precisa ter uma CAUSA. Em seguida, a essa prova cosmológica é associada como auxílio e apoio aquela físico-teológica. O argumento cosmológico exprime-se com a máxima intensidade na concepção de Wolf sobre ele: "Se existe alguma coisa, também existe um ser absolutamente necessário", que deve ser entendido ou como a própria coisa dada, ou como a primeira das causas, pela qual chegou à existência. Sendo assim, esta última hipótese é aceita. Em primeiro lugar, essa prova revela que seu ponto fraco é ser uma conclusão da conseqüência à causa, e a essa forma de conclusão a lógica nega todas as pretensões de certeza. Depois, ignora o fato de que, conforme mostrei com freqüência, só podemos pensar algo como NECESSÁRIO enquanto for conseqüência, e não causa, de outro elemento dado. Além disso, aplicada desse modo, a lei da causalidade prova mais do que deveria, pois, se tiver de nos conduzir do mundo à sua causa, de resto não nos permitirá permanecer junto a esta última, mas sim nos levará adiante, à causa dela e assim continuamente, sem compaixão, *in infinitum*[a]. Isso é inerente à sua essência. Nesse caso, estamos na mesma situação do mágico aprendiz de Goethe, cuja criatura certamente começa obedecendo a uma ordem, mas depois não pára mais. Além disso, há o fato de que a força e a validade da lei da causalidade estendem-se apenas à FORMA das coisas, e não à sua matéria. Essa é o fio condutor da mudança das formas e nada mais. A matéria permanece intocada por todo surgimento e desaparecimento de formas, o que podemos discernir antes de toda experiência e, por isso, saber com certeza. Por fim, a prova cosmológica sucumbe ao argumento transcendental de que a lei da causalidade é comprovadamente de origem subjetiva e, portanto, aplicável apenas a APARÊNCIAS que se apresentam a nosso entendimento, e não à essência das COISAS EM SI. Como já dito, a prova FÍSICO-TEOLÓGICA é associada à cosmológica de maneira

---

[a] Ao infinito.

subsidiária e, ao mesmo tempo, tenta fornecer comprovação, confirmação, plausibilidade, cor e forma à suposição introduzida pela prova cosmológica. Mas ela só pode aparecer sempre sob a condição prévia daquela primeira prova, da qual é elucidação e amplificação. Seu procedimento consiste em elevar a suposta primeira causa do mundo a um ser cognoscente e volitivo, procurando estabelecê-lo por indução, a partir das várias conseqüências que podem ser esclarecidas por tal razão. No entanto, a indução pode, no máximo, fornecer uma grande probabilidade, nunca a certeza. Além disso, conforme já dito, toda a prova é condicionada pela primeira. Contudo, se nos aprofundarmos seriamente nessa prova físico-teológica tão em voga e examiná-la à luz de minha filosofia, ela se mostrará como a expressão de um modo fundamentalmente errôneo de considerar a natureza, que reduz o fenômeno IMEDIATO ou a objetivação da vontade a outro meramente MEDIATO. Em outros termos, em vez de reconhecer nos seres naturais a ação da vontade, que é originária, dotada de uma força primigênia e desprovida de conhecimento, e por isso mesmo infalivelmente certa, ela o expõe como algo apenas secundário, que ocorre somente à luz do conhecimento e pelo fio condutor dos motivos e, por conseguinte, concebe o que foi impulsionado a partir de dentro como se tivesse sido construído, modelado e talhado a partir de fora. Pois, se a vontade, como coisa em si, que NÃO é absolutamente representação, no ato de sua objetivação passa de sua natureza original para a representação, e prosseguimos com a suposição que se apresenta nela de que é algo produzido no mundo da representação em si e, portanto, em conseqüência do CONHECIMENTO, por certo isso se apresenta como algo possível apenas por meio do conhecimento extraordinariamente perfeito, que abrange todos os objetos e suas concatenações, isto é, como uma obra da suprema sabedoria. A esse respeito, remeto a meu ensaio *Sobre a vontade na natureza,* sob a rubrica "anatomia comparativa", e ao início de minha obra principal, volume 2, capítulo 26.

Conforme mencionado, a segunda prova teológica, a ONTOLÓGICA, toma como fio condutor não a lei da causalidade, mas o princípio da razão do conhecimento, o que faz com que aqui a necessidade da existência de Deus seja LÓGICA. Com efeito, mediante um julgamento meramente analítico, do conceito DEUS deve derivar sua existência, de maneira que não se pode fazer desse conceito o sujeito de uma proposição em que se lhe negue a existência, pois isso contradiria o sujeito da proposição. Isso está logicamente correto, mas também é muito natural e um truque de prestidigitação fácil de ser descoberto. Depois de ter colocado o predicado da existência no sujeito, por meio do manejo do conceito "perfeição" ou "realidade", que se usa como *terminus medius*[a], não se pode deixar de reencontrá-lo no mesmo lugar e expô-

---

[a] Termo médio.

lo com um julgamento analítico. Porém, a justificativa para apresentar todo o conceito não está demonstrada com esse expediente. Ao contrário, ou havia sido inventado de modo bastante arbitrário, ou introduzido por meio da prova cosmológica, com a qual tudo é reduzido à necessidade física. Christian Wolff parece ter compreendido bem isso, uma vez que em sua metafísica faz uso apenas do argumento cosmológico e o observa expressamente.

Por certo, ambas as provas teológicas apóiam-se mutuamente, mas não conseguem ficar de pé. A cosmológica tem a vantagem de dar conta de como chegou ao conceito de um deus e de torná-lo plausível mediante seu adjunto, a prova físico-teológica. Em contrapartida, a ontológica não consegue demonstrar como chegou a seu conceito do ser mais real de todos, portanto, ou afirma que ele é inato, ou o toma emprestado da prova cosmológica e depois procura mantê-lo com frases sublimes sobre o ser, que só pode ser concebido como existente, cuja existência reside em seu conceito etc. Entretanto, não negaremos à invenção da prova ontológica a glória da perspicácia e da sutileza se considerarmos o seguinte: para esclarecer uma existência dada, indicamos sua causa, em relação à qual ela se apresenta então como necessária, o que vale como explicação. Só que esse caminho conduz, conforme demonstrado com suficiência, a um *regressus in infinitum*[a] e, por isso, nunca pode chegar a

---

[a] Regressão ao infinito.

um termo último, que forneça uma razão explicativa fundamental. Outra coisa seria se a EXISTÊNCIA de um ser qualquer pudesse ser deduzida de sua ESSÊNCIA, ou seja, de seu simples conceito ou de sua definição. Sendo assim, ela seria conhecida como NECESSÁRIA (o que aqui como por toda parte significa apenas "algo que é conseqüência de sua CAUSA"), sem por isso estar unida a algo que não seja seu próprio conceito, portanto sem que sua necessidade seja meramente transitória e momentânea, a saber, sem que seja recondicionada e que conduza a infinitas séries, como sempre ocorre com a necessidade CAUSAL. Ao contrário, a mera razão do conhecimento teria então se transformado numa razão real, portanto numa causa e, assim, seria extremamente adequada para dar o último, e por isso firme, ponto de ligação para todas as séries causais. Destarte, ter-se-ia o que se procura. Vimos anteriormente que tudo isso é ilusório, e de fato parece que Aristóteles quis evitar tal argumentação sofística ao dizer: το δε ειναι ουκ ουσια ουδενι·[a] *ad nullius rei essentiam pertinet existentia*[b] (*Analyt. post.*, II, 7). Sem se preocupar com isso, depois que Anselmo de Canterbury abrira o caminho para semelhante curso de pensamentos, mais tarde DESCARTES expôs o conceito de Deus como aquele que cumpre as condições requeridas, enquanto ESPINOSA apresentava o conceito do mundo como

---

[a] O ser nunca é a essência do que quer que seja.

[b] A existência não se refere à essência de nenhuma coisa.

única substância existente, que, por conseguinte, seria *causa sui*, isto é, *quae per se est et per se concipitur, quamobrem nulla alia re eget ad existendum*ᵃ. A esse mundo assim estabelecido ele confere depois, *honoris causa*, o título de *Deus*, a fim de deixar todo o mundo satisfeito. Mas ainda é sempre o mesmo *tour de passe-passe**, que quer fazer o LOGICAMENTE necessário passar por REALMENTE necessário e que, por fim, junto com outras enganações semelhantes, deu ocasião à grande investigação de LOCKE sobre a ORIGEM dos conceitos. Uma exposição mais detalhada do procedimento desses dois dogmatistas está contida em meu ensaio *Sobre o princípio da razão*, na 2ª edição, §§ 7 e 8.

Depois que KANT dera seu golpe mortal na teologia especulativa, por meio da crítica a ela, teve de tentar mitigar a impressão a respeito e, portanto, aplicar um paliativo como anódino. Seguindo um procedimento análogo ao de HUME, que, no último de seus *Dialogues on natural religion* [Diálogos sobre a religião natural], tão dignos de leitura quanto implacáveis, notifica-nos que tudo isso teria sido uma mera brincadeira, um *exercitium logicum*. Em conformidade com isso, Kant forneceu, como sub-rogado das provas da existência de Deus, seu postulado da razão prática e a teologia moral dela resultante, que, sem reivindicar validade objetiva para o saber ou para a razão

---

ᵃ Que é por si e por si é conhecida, de modo que não carece de nenhuma outra coisa para existir.

* Truque de prestidigitação. (N. da T.)

teorética, deveria ter total validade em relação à conduta ou para a razão prática, o que acabou fundando uma fé sem saber, para que as pessoas tivessem ao menos alguma coisa em mãos. Se bem compreendida, sua exposição simplesmente afirma que a suposição de um deus justo, que pune ou recompensa após a morte, é um ESQUEMA REGULADOR útil e suficiente, com o objetivo de interpretar a importância ética, séria e sentida de nossa conduta, bem como a gerência dessa conduta em si. Portanto, de certo modo, uma alegoria da verdade, de maneira que, nesse aspecto, que em última instância é o único que interessa, aquela suposição pode ocupar o lugar da verdade, embora teorética ou objetivamente não possa ser justificada. Um esquema análogo, de igual tendência, mas que contém uma verdade muito maior, uma plausibilidade mais forte e, por conseguinte, um valor mais imediato, é o dogma do bramanismo, da metempsicose que pune ou recompensa, segundo o qual temos de renascer um dia sob a forma de cada um dos seres lesados por nós, para então sofrer a mesma lesão. Destarte, a teologia moral de Kant deve ser tomada no sentido mencionado, levando-se em consideração que ele próprio não poderia exprimir-se com tanta franqueza, como ocorre aqui, sobre a real situação, mas, ao expor o monstro de uma doutrina TEORÉTICA de mera validade PRÁTICA, contou entre os prudentes com o *granum salis*[a].

---

[a] Pedra de sal.

Nem mesmo os professores de filosofia se contentaram com isso por muito tempo, embora se encontrassem numa situação bastante embaraçosa com a crítica de Kant sobre a teologia especulativa. Pois, desde sempre, reconheceram que a teologia especulativa era sua especial vocação para apresentar a existência e as características de Deus e para torná-lo o objeto principal de sua filosofia. Por essa razão, quando a Escritura ensina que Deus alimenta os corvos nos campos, tenho de acrescentar: e os professores de filosofia em suas cátedras. Na verdade, até mesmo nos dias de hoje esses asseguram, com total ousadia, que o absoluto (que, como todos sabem, é o título em voga para o bom Deus) e sua relação com o mundo é o verdadeiro tema da filosofia, e agora como antes ocupam-se em defini-lo, descrevê-lo e imaginá-lo mais a fundo. Pois certamente os governos que dão dinheiro para tal filosofia também querem ver sair dos auditórios bons cristãos e praticantes empenhados. Como poderiam sentir-se encorajados os senhores da filosofia lucrativa, quando Kant os desviou para tão longe de seu caminho, demonstrando que todas as provas da teologia especulativa são insustentáveis e que todos os conhecimentos relativos ao tema escolhido por eles são simplesmente inacessíveis ao nosso entendimento? Inicialmente, tentaram encontrar auxílio com seu conhecido método caseiro de ignorar, depois passaram para a disputa. Porém, essa situação não se manteve por muito tempo. Então, lançaram-se à asserção de que a existência de Deus certamente é incapaz de qualquer prova, mas tampouco precisa sê-lo, pois, além de evidente, é a coisa mais certa do mundo; não podemos duvidar do fato de que temos uma "consciência divina" e de que nossa razão é o órgão para conhecimentos imediatos de coisas supramundanas, e a instrução sobre elas é imediatamente PERCEBIDA por elas e precisamente por isso se chama RAZÃO! (Peço aqui ao leitor, com toda cordialidade, que consulte meu ensaio *Sobre o princípio da razão* em sua 2ª edição, § 34, bem como meu *Problemas fundamentais da ética*, e finalmente minha *Crítica da filosofia kantiana*.) Todavia, segundo alguns, a razão forneceu meras conjecturas. Em contrapartida, outros tinham até intuições intelectuais! Outros ainda inventaram o pensamento absoluto, isto é, aquele segundo o qual a pessoa não precisa procurar pelas coisas ao redor de si, mas, na onisciência divina, determina como elas deverão ser para sempre. Indiscutivelmente, essa é a invenção mais conveniente de todas. Porém, todas elas lançaram mão do termo "absoluto", que justamente nada mais é do que a prova cosmológica *in nuce*[a], ou antes, tão fortemente concentrada que, tornando-se microscópica, escapa à vista, desaparece sem ser notada e faz-se passar por algo evidente. Pois, desde o *examen rigorosum* de Kant, tal termo já não pode ser visto em sua verdadeira forma, conforme demonstrei de maneira aprofundada na 2ª edição

---

[a] Concentrada.

de meu ensaio *Sobre o princípio da razão*, bem como em minha *Crítica da filosofia kantiana*. Já não sei dizer quem foi o primeiro a usar, há cerca de cinqüenta anos, a artimanha de inserir *incognito*, sob essa exclusiva palavra ABSOLUTO, a prova cosmológica explodida e proscrita. Contudo, a artimanha era bem apropriada para as capacidades do público, pois até hoje o absoluto circula como moeda corrente. Em suma, apesar da *Crítica da razão* e de suas demonstrações, aos professores de filosofia nunca faltaram informações autênticas sobre a existência de Deus e sua relação com o mundo. Segundo eles, a filosofia deve realmente consistir na comunicação detalhada dessas informações. Só que, como se diz, "dinheiro de cobre, mercadoria de cobre", assim também era esse Deus evidente para eles: sem pé nem cabeça. Por isso, mantêm-no escondido por trás da montanha, ou antes, por trás de um edifício retumbante de palavras, de modo que mal se pode vislumbrar a ponta de sua veste. Se ao menos fosse possível obrigá-los a explicar com clareza o que se deve entender pela palavra Deus, veríamos se é evidente. Nem mesmo uma *natura naturans*[a] (na qual geralmente seu Deus ameaça transformar-se) é evidente, pois vemos Leucipo, Demócrito, Epicuro e Lucrécio construir o mundo sem ela. No entanto, mesmo com todos os seus erros, esses homens valiam mais do que uma legião de veletas, cuja fi-

---

[a] Natureza naturante.

losofia mercenária gira conforme o vento. Porém, uma *natura naturans* estaria longe de ser um deus. Ao contrário, em seu conceito está contida a idéia de que, por trás dos fenômenos tão efêmeros e incansavelmente cambiantes da *natura naturata*[a], deveria haver uma força oculta, perene e infatigável, em virtude da qual eles sempre se renovariam, uma vez que essa força em si não seria afetada por seu declínio. Assim como a *natura naturata* é objeto da física, a *natura naturans* é objeto da metafísica. Essa por fim nos fará compreender que nós também pertencemos à natureza e, por conseguinte, possuímos em nós mesmos não apenas o espécime mais próximo e claro tanto da *natura naturata* quanto da *natura naturans*, mas até o único que nos é acessível A PARTIR DE DENTRO. Como mais tarde a reflexão precisa e mais séria sobre nós mesmos nos permite reconhecer a VONTADE como núcleo de nosso ser, passamos a ter uma revelação imediata da *natura naturans*, que, por conseguinte, estamos autorizados a transferir para todos os outros seres, conhecidos por nós apenas parcialmente. Destarte, alcançamos a grande verdade de que a *natura naturans* ou a coisa em si é a vontade em nosso coração. A *natura naturata*, porém, ou a aparência, é a representação em nossa mente. Contudo, sem levar em conta esse resultado, é suficientemente óbvio que a mera distinção entre uma *natura naturans* e outra *naturata*

---

[a] Natureza naturada.

está longe de ser um teísmo e menos ainda um panteísmo, pois, para tanto (a menos que se trate de um simples modo de expressão), seria necessário acrescentar certas propriedades morais, que obviamente não pertencem ao mundo, como bondade, sabedoria, bem-aventurança etc. Além disso, o panteísmo é um conceito que anula a si mesmo, pois o conceito de um deus pressupõe como seu correlato essencial um mundo diferente dele. Por outro lado, se o mundo em si tiver de assumir seu papel, permanecerá precisamente um mundo absoluto, sem Deus. Por essa razão, o panteísmo é apenas um eufemismo para ateísmo. Mas esta última expressão contém, por sua vez, algo obtido desonestamente, uma vez que admite de antemão que o teísmo é evidente, o que lhe permite evitar com astúcia o *affimanti incumbit probatio*[a], ao passo que o chamado ateísmo tem o *jus primi occupantis*[b] e deve ser derrotado primeiro pelo teísmo. A esse respeito, permito-me fazer a observação de que os homens vêm ao mundo sem circuncisão, e, portanto, não como judeus. Mas nem mesmo a suposição de uma causa do mundo diferente dele é um teísmo. Esse requer não apenas uma causa do mundo diferente do mundo, mas uma causa inteligente, ou seja, cognoscente e volitiva e, portanto, pessoal e individual. Somente uma causa assim é designada com o nome de Deus. Um deus impessoal não é um deus, mas apenas

---

[a] A quem afirma cabe oferecer a prova.
[b] O direito do primeiro ocupante.

uma palavra mal empregada, um falso conceito, uma *contradictio in adjecto*, um xibolete para os professores de filosofia, que, depois que tiveram de desistir do assunto, esforçam-se para passar despercebidos com a palavra. Por outro lado, a personalidade, ou seja, a individualidade autoconsciente, que primeiro CONHECE e depois QUER de acordo com o que é conhecido, é um fenômeno que só observamos a partir da natureza animal, existente em nosso pequeno planeta. Esse fenômeno está ligado a ela de maneira tão íntima que não apenas não estamos autorizados a imaginá-lo separado e independente dela, mas tampouco somos capazes de fazê-lo. No entanto, supor um ser desse tipo como a origem da natureza em si e até de toda existência em geral é um pensamento colossal e extremamente ousado, a respeito do qual nos espantaríamos se o ouvíssemos pela primeira vez e se ele não se tornasse familiar para nós e até uma segunda natureza – eu poderia até dizer, se não se tornasse uma idéia fixa – por uma insistência prematura e uma repetição constante. Por essa razão, diga-se de passagem, nada há que me tenha convencido tanto da autenticidade de KASPAR HAUSER* quanto a declaração de que a chamada teologia natural, exposta por ele, não lhe tenha sido muito esclarecedora como era de esperar. A

* Kaspar Hauser (1812?-1833): jovem de origem misteriosa, que teria passado a vida em clausura e, ao ser descoberto em 1828 em Nuremberg, tornou-se objeto de estudo por não saber andar nem falar e por não se comportar como humano. (N. da T.)

isso se acrescenta o fato (segundo a "Carta do conde Stanhope ao professor Meyer") de ele demonstrar um respeito peculiar pelo sol. Todavia, ensinar em filosofia que aquele pensamento fundamental é evidente e que a razão é justamente a capacidade de compreendê-lo imediatamente e reconhecê-lo como verdadeiro é um pretexto desavergonhado. Não apenas não se deve admitir em filosofia tal pensamento sem a prova mais concludente, mas tampouco essa é absolutamente essencial à religião. Isso é atestado pela religião mais numerosamente representada na terra, o budismo, que é muito antigo e hoje conta com trezentos milhões de seguidores. Essa religião altamente moral e até ascética, que mantém o clero mais numeroso, não consente absolutamente com esse pensamento; ao contrário, rejeita-o expressamente, e, segundo nossa impressão, é muito *ex professo* ateísta[3].

....

3. "O Zaradobura, Supremo Rahan (sumo sacerdote) dos budistas em Ava, num ensaio sobre sua religião, fornecido a um bispo católico, conta entre as seis heresias condenáveis também a doutrina de que existe um ser que criou o mundo e todas as coisas nele e que é o único digno de ser adorado." Francis Buchanan, "On the religion of the Burmas", in *Asiatic Researches* (vol. 6, p. 268). Também merece ser mencionado aqui o que é dito na mesma coletânea (vol. 15, p. 148), a saber: que os budistas não se inclinam perante nenhuma imagem divina e dão como justificativa o fato de que o ser primário permeia toda a natureza e, por conseguinte, encontra-se igualmente em suas mentes. De modo semelhante, J. J. Schmidt, o profundo erudito, orientalista e acadêmico de São Peters-

Por conseguinte, segundo o que foi dito anteriormente, o antropomorfismo é uma propriedade absolutamente essencial do teísmo, que consiste não apenas na figura humana, tampouco apenas nas paixões e nos afetos humanos, mas no próprio fenômeno fundamental, ou seja, naquele de uma vontade provida de entendimento para guiá-lo. Como já dito, esse fenômeno só nos é conhecido a partir da natureza animal e, com a maior perfeição, a partir da humana, e só pode ser concebido como individualidade, que, quando é racional, é chamada de

....

burgo, diz em suas *Forschungen im Gebiete der älteren Bildungsgeschichte Mittelasiens* [Investigações no campo da história cultural mais antiga da Ásia central] (São Petersburgo, 1824, p. 180): "O sistema do budismo não conhece um ser divino eterno, incriado e uno, que tenha existido antes de todos os tempos e criado todo o visível e o invisível. Essa idéia lhe é totalmente estranha, e não se encontra nos livros budistas o menor rastro dela. Tampouco existe uma criação" etc. Sendo assim, onde está a "consciência de Deus" dos professores de filosofia pressionados por Kant e pela verdade? Como se pode conciliá-la com o fato de que a língua dos chineses, que constitui cerca de dois quintos de todo o gênero humano, não possui nenhuma expressão para Deus e criação? Por essa razão, o primeiro versículo do Pentateuco não pode ser traduzido para esse idioma, para grande perplexidade dos missionários, que Sir George Staunton quis ajudar com um livro próprio, intitulado *An Inquiry into the Proper Mode of Rendering the Word God in Translating the Sacred Scriptures into the Chinese Language* [Investigação sobre a maneira apropriada de expressar a palavra Deus ao traduzir a Sagrada Escritura para o idioma chinês] (Londres, 1848).

personalidade. Justamente por isso, Deus também precisa de um céu, onde ele tem seu trono e de onde reina. Muito mais por causa disso do que pelo modo de expressão no livro de Josué, o sistema do universo, elaborado por Copérnico, foi de imediato recebido com raiva pela Igreja, e, em conformidade com isso, cem anos depois encontramos Giordano Bruno como o defensor desse sistema e, ao mesmo tempo, do panteísmo. Aqueles que tentam purificar o teísmo do antropomorfismo, imaginando estar agindo apenas na superfície, atacam justamente sua essência mais íntima. Em seu esforço de conceber seu objeto de maneira abstrata, sublimam-no até transformá-lo numa indistinta figura nebulosa, cujo contorno se esvai gradualmente por completo, aspirando a evitar a figura humana. Com isso, o pensamento fundamental infantil em si finalmente volatiliza-se a nada. Contudo, além disso, os teólogos racionalistas, que também costumam fazer semelhantes tentativas, podem ser censurados por terem entrado em franca contradição com o texto sagrado, que diz: "Deus criou o homem à sua imagem; à imagem de Deus o criou."

Em certo sentido, certamente poderíamos, com Kant, chamar o teísmo de um postulado prático, porém de maneira bem diferente da imaginada por ele. Na realidade, o teísmo não é um produto do CONHECIMENTO, mas sim da VONTADE. Se fosse originariamente TEÓRICO, como todas as suas provas poderiam ser tão insustentáveis? No entanto, da vontade ele surge da seguinte maneira: a necessidade constante, que ora oprime com força, ora abala com violência o coração (a vontade) do homem e o mantém continuamente em estado de temor e esperança, enquanto as coisas QUE ele teme e espera não estão em seu poder; e até a conexão das correntes causais, às quais essas coisas são conduzidas, só podem ser alcançadas um pouco mais além de seu conhecimento. Essa necessidade, esse temor e essa esperança constantes induzem-no a efetuar a hipóstase de seres pessoais, dos quais tudo dependeria. Desses se pode supor que, como outras pessoas, serão suscetíveis de pedidos e adulações, serviço e dádiva e, portanto, de serem mais tratáveis do que a inflexível necessidade, as forças inexoráveis e insensíveis da natureza e os misteriosos poderes do curso do mundo. Se no início, como é natural, esses deuses são muitos, de acordo com a diversidade das circunstâncias, mais tarde submetem-se ou até reduzem-se a um só, pela necessidade de introduzir conseqüência, ordem e unidade no conhecimento. Conforme Goethe notou certa vez, esse Deus certamente nada tem de dramático, pois nada se pode fazer com uma só pessoa. Contudo, o essencial é o impulso do homem atormentado de prostrar-se e suplicar por ajuda em sua freqüente, lastimável e grande necessidade. Para que então seu coração (sua vontade) tenha o alívio da oração e o consolo da esperança, seu intelecto precisa ser criado por um deus, e não o contrário, pois ele reza justamente porque seu intelecto deriva de maneira correta e lógica de um deus. Se ele for deixado sem necessidades, desejos e carências, como um mero ser intelectual sem vontade, ele não precisará de nenhum deus e tampouco criará um. O coração, isto é, a vontade tem em sua grande aflição a necessidade de invocar auxílio onipotente e, por conseguinte, sobrenatural. Como se deverá rezar, um deus será hipostasiado, e não o contrário. Por isso, o elemento TEORÉTICO da teologia de todos os povos é muito diferente no que concerne ao número e à natureza dos deuses. Porém, todos têm em comum o fato de que podem ajudar e o fazem quando se lhes serve e se ora por eles, pois esse é o ponto que interessa. Todavia, ao mesmo tempo, esse é o sinal de nascença pelo qual reconhecemos a ascendência de toda teologia, isto é, que ela se origina a partir da VONTADE, do coração, e não da cabeça ou do conhecimento, como se pretende. Existem alguns poucos povos, que, como se preferissem o bemol ao sustenido, em vez de Deus possuem apenas maus espíritos, dos quais se consegue que, com sacrifícios e orações, não causem danos. Em substância, não se tem grande diferença quanto ao resultado. Povos semelhantes parecem ter sido os primeiros habitantes da península indiana e do Ceilão, antes da introdução do bramanismo e do budismo, e seus descendentes ainda teriam, em parte, tal religião cacodemonológica*, bem como muitos povos selvagens. Dela também provém o capuísmo**, mesclado

---

* Referente ao estudo dos maus demônios. (N. da T.)

** Demonologia existente no Ceilão, integrada ao budismo. (N. da T.)

ao budismo cingalês. De modo análogo, pertencem a ela os adoradores do demônio na Mesopotâmia, visitados por LAYARD.

Para atenuar o escândalo causado por sua crítica de toda teologia especulativa, KANT acrescentou a ela não apenas a teologia moral, mas também a garantia de que, embora a existência de Deus tivesse de permanecer sem provas, seria igualmente impossível provar o contrário. Muitos se aquietaram com isso, não percebendo que ele, com disfarçada simplicidade, ignorava o *affirmanti incumbit probatio*, bem como que o número das coisas, cuja inexistência não pode ser provada, é infinito. Naturalmente, foi ainda mais cuidadoso em não apontar os argumentos que de fato pudessem ser usados para uma contraprova apagógica, caso não se quisesse mais manter uma postura meramente defensiva, e sim proceder alguma vez de maneira agressiva. Dessa espécie poderiam ser os seguintes argumentos:

1) Em primeiro lugar, a triste condição de um mundo, cujos seres vivos subsistem devorando-se uns aos outros; a conseqüente miséria e o medo de todos os vivos; a quantidade e a dimensão colossal do mal; a variedade e a inevitabilidade do sofrimento, que com freqüência crescem até alcançar o horrível; o peso da vida em si e sua corrida em direção à amarga morte. Nada disso pode ser honestamente conciliado com a idéia de que o mundo é obra de uma infinita bondade, da onisciência e da onipotência. Alçar um grito contra isso é tão fácil quanto difícil é opor-se à questão com sólidos argumentos.

2) Dois são os pontos que não apenas ocupam todo homem pensante, mas também mais interessam aos seguidores de toda religião, o que justifica o fato de a força e a estabilidade da religião residirem neles: em primeiro lugar, a significância transcendental e moral de nossa conduta, e, em segundo, nossa continuação após a morte. Se uma religião se preocupou com esses dois pontos, todo o restante é secundário. Por isso, examinarei o teísmo em relação ao primeiro ponto e, mais adiante, em relação ao segundo.

Destarte, com a moralidade de nossa conduta o teísmo tem uma conexão dupla, a saber: uma *a parte ante*[a] e outra *a parte post*[b], ou seja, em relação às causas e em relação às conseqüências de nossas ações. Tomando primeiramente o último ponto, o teísmo por certo fornece um auxílio à moral, porém da espécie mais rudimentar e que chega a aniquilar no fundo a verdadeira e pura moralidade da conduta. Com efeito, Deus, que no início era o criador, aparece por fim como quem vinga e recompensa. Sem dúvida, o respeito por tal Deus pode produzir ações virtuosas, só que essas não serão puramente morais, pois o temor a punições ou a esperança de recompensas é seu motivo. Ao contrário, a essência de tal virtude retrocederá a um egoísmo prudente e bem calculado. Em última instância, trata-se apenas de uma questão de firmeza da fé em coisas indemonstráveis. Se ela exis-

---

[a] Antecedente.
[b] Conseqüente.

tir, certamente não se hesitará em aceitar um curto período de sofrimento em troca de uma eternidade de alegrias, e o verdadeiro princípio fundamental que guia a moral será: "saber esperar". Só que todo aquele que busca uma recompensa por sua ação, seja neste, seja num mundo futuro, é um egoísta: se lhe escapa a recompensa esperada, pouco lhe importa se isso ocorre pelo acaso que domina este mundo ou pelo vazio da ilusão que o mundo futuro lhe construiu. Por essa razão, na verdade, a teologia moral de KANT também sepulta a moral.

Novamente *a parte ante*, o teísmo também se encontra em contradição com a moral, pois suprime a liberdade e a imputabilidade. Com efeito, nem culpa nem mérito podem ser concebidos num ser, que, no que concerne à sua *existentia* e à sua *essentia*, é obra de outro. Se um ser concebível, como qualquer outro, nada pode realizar a não ser DE ACORDO COM SUA NATUREZA, e, com isso, manifestá-la, será CONSTITUÍDO conforme é CRIADO. Se agir mal, isso provém do fato de SER mau e, portanto, a culpa não é sua, mas daquele que o criou. Inevitavelmente, o criador de sua existência e de sua natureza, bem como das circunstâncias em que ele foi colocado, também é o criador de sua ação e de seus atos, que seguramente são determinados por tudo isso como o triângulo é determinado por dois ângulos e uma linha. A retidão dessa argumentação foi muito bem compreendida e admitida por santo Agostinho, Hume e Kant, enquanto outros a ignoraram de maneira astuta e covarde. Discorri detalhadamente a esse respeito em minha obra premiada *Sobre o livre-arbítrio*. A fim de eludir justamente essa terrível e exterminadora dificuldade, inventou-se o livre-arbítrio ou *liberum arbitrium indifferentiae*[a], que contém uma ficção totalmente monstruosa e, por isso, sempre foi disputado e rejeitado por todas as mentes pensantes, mas talvez em nenhum outro lugar tenha sido tão sistemático e fundamentalmente refutado como na obra citada acima. O vulgo pode até seguir arrastando o livre-arbítrio, o mesmo pode fazer o vulgo literário e o filosófico; o que nos importa? A afirmação de que um dado ser é LIVRE, ou seja, de que pode agir em determinadas circunstâncias desse ou de outro modo significa que ele possui uma *existentia* sem nenhuma *essentia*; em outros termos, que apenas EXISTE sem ser ALGUMA COISA e, portanto, NADA é, mas EXISTE, o que faz com que seja e não seja ao mesmo tempo. Por conseguinte, embora esse seja o cúmulo do absurdo, não obstante é bom para as pessoas que buscam não a verdade, mas seu revestimento, e, por isso, nunca admitem nada que não corresponda às suas intenções, à *fable convenue* de que vivem. Em vez da refutação, é a ignorância que serve à sua impotência. E será que se deve dar importância às opiniões de tais βοσκηματα[b], *in terram prona et ventri obedientia*[c]? Tudo o que EXISTE

---

[a] Livre-arbítrio da indiferença.

[b] Manadas.

[c] Com a cara voltada para o chão e obedientes ao ventre.

também é ALGO, tem uma essência, uma natureza, um caráter; há de atuar de acordo com ele, há de agir (o que significa atuar de acordo com motivos) quando se mostrarem as ocasiões externas que suscitam as manifestações peculiares a tal caráter. Assim, obtém a existência, a *existentia*, do mesmo lugar de onde consegue o algo, a constituição, a *essentia*, pois ambos podem até ser diferentes no conceito, mas não são separáveis na realidade. Aquilo que tem uma *essentia*, ou seja, uma natureza, um caráter, uma constituição, só pode agir sempre de acordo com ela, e nunca de outra maneira. Apenas o tempo, a figura mais próxima e a constituição de cada ação serão determinados a cada vez pelos motivos que se apresentam. O fato de o criador ter feito o homem livre implica uma impossibilidade, a saber, a de que ele lhe conferiu uma *existentia* sem *essentia* e, portanto, deu-lhe a EXISTÊNCIA apenas *in abstracto*, deixando-o ser O QUE quisesse ser. A esse respeito, peço ao leitor que consulte o § 20 de meu ensaio *Sobre o fundamento da moral*. Liberdade moral e responsabilidade ou imputabilidade simplesmente pressupõem ASSEIDADE. As ações sempre provêm necessariamente do caráter, isto é, da constituição própria e, portanto, inalterável do ser, sob a influência dos motivos e de acordo com eles. Por conseguinte, se esse indivíduo tiver de ser responsável, precisa existir originariamente e em virtude de sua própria plenitude de poder. No que concerne à sua *existentia* e à sua *essentia*, precisa ser sua própria obra e seu próprio criador, se tiver de ser o verdadeiro criador de seus ATOS. Ou, conforme expressei em minhas duas obras premiadas, a liberdade não pode residir no *operari*; deve, portanto, residir no *esse*, pois certamente ela existe.

Tudo isso é demonstrável não apenas *a priori*, mas até a experiência cotidiana nos ensina claramente que cada um traz consigo ao mundo seu caráter moral já formado e lhe permanece inalteravelmente leal até o fim. De resto, essa verdade é pressuposta na vida real e prática de modo tácito, porém certo, na medida em que cada um estabelece sua confiança ou desconfiança em outro, segundo os traços de caráter uma vez revelados. Tendo isso em mente, seria de admirar como, há cerca de 1 600 anos, afirmava-se teoreticamente o oposto e, por conseguinte, ensinava-se que todos os homens são, quanto ao aspecto moral, de origem idêntica e que a grande diferença de sua ação surge não da diferença originária e inata das tendências e do caráter, tampouco, porém, das circunstâncias e ocasiões que se lhes apresentam, mas, na verdade, de absolutamente nada, que recebe o nome de "livre-arbítrio". Contudo, essa doutrina absurda faz-se necessária por meio de outra suposição, também puramente teorética, com a qual se encontra em íntima conexão, a saber, a de que o nascimento do homem é o início absoluto de sua existência, uma vez que ele é CRIADO a partir do nada (um *terminus ad hoc*). No entanto, se com base nessa hipótese a vida ainda deve manter um significado e uma tendência morais, por certo esses têm de encontrar sua origem somente no curso da vida e, precisamente, a partir do nada, tal como todo esse homem é concebido a partir do nada. Pois toda relação a uma condição prévia, a uma existência anterior ou a um ato extemporâneo, aos quais a diversidade incomensurável, originária e inata dos caracteres morais remete claramente, permanece aqui excluída de uma vez por todas. Eis a razão para a ficção absurda de um livre-arbítrio. Sabe-se muito bem que as verdades estão ligadas umas às outras, mas os erros também se fazem necessários uns aos outros, assim como uma mentira requer uma segunda ou como duas cartas se sustentam mutuamente, quando inclinadas uma contra a outra, enquanto nada as derrubar.

3) Na hipótese do teísmo, as coisas não estão muito melhores com nossa continuação após a morte do que com o livre-arbítrio. O que é criado por outrem teve um início de sua existência. Porém, que isso tenha de continuar a existir a partir de então para todo o sempre, depois de não ter existido absolutamente por um tempo infinito, é uma suposição extremamente temerária. Se, antes de mais nada, com meu nascimento cheguei a ser e fui criado a partir do nada, existe a grande probabilidade de, quando eu morrer, voltar a transformar-me em nada. A duração infinita *a parte post* e o nada *a parte ante* não andam juntos. Só o que é em si originário, eterno e incriado pode ser indestrutível. Talvez, por essa razão, possam desanimar ao morrer aqueles que acreditam que há trinta ou sessenta anos eram um puro nada e des-

te saíram posteriormente como a obra de outrem. Pois agora têm a difícil tarefa de admitir que uma existência assim surgida, apesar de seu início tardio, que só se apresentou após o decurso de um tempo infinito, há de ter uma duração infinita. Em contrapartida, como poderia temer a morte aquele que se reconhece como o ser originário e eterno, a fonte de toda existência em si, e que sabe que tudo o que lhe é externo na verdade não existe; aquele que conclui sua existência individual pronunciando a sentença do *Upanixade* sagrado, *hae omnes creaturae in totum ego sum, et praeter me aliud ens non est*[a], ou até conservando-a em seu coração? Por conseguinte, só ele pode, com um pensamento conseqüente, morrer tranqüilo. Pois, como já dito, a ASSEIDADE é a condição tanto da imputabilidade quanto da imortalidade. Nesse sentido, na Índia, o desprezo pela morte, a mais completa serenidade e até a alegria ao morrer são condutas muito correntes. Ao contrário, o judaísmo, que, por origem, é a única religião puramente monoteísta que ensina a existência de um verdadeiro deus criador do céu e da terra, não dispõe, com perfeita conseqüência, de uma doutrina da imortalidade e, portanto, tampouco de um contracâmbio após a morte, mas sim apenas de punições temporais e recompensas, o que a distingue igualmente de todas as outras religiões. As duas religiões nascidas do

---

[a] Sou todas essas criaturas, em sua totalidade, e além de mim não há nenhum outro ente.

judaísmo de fato se tornaram inconseqüentes, pois tomaram a imortalidade de outros dogmas melhores, que conheceram por outro caminho.

Como já mencionado, o fato de o judaísmo ser a única religião puramente monoteísta, ou seja, que professa um deus criador como origem de todas as coisas, é um mérito que as pessoas tentaram incompreensivelmente ocultar, afirmando e ensinando sempre que todos os povos veneram o verdadeiro Deus, embora com outros nomes. Quanto a esse aspecto, porém, erram não apenas em parte, mas totalmente. Com a concordância de todos os testemunhos genuínos e documentos originais, não há nenhuma dúvida de que o budismo, portanto a religião mais importante do mundo devido ao número preponderante de adeptos, é ateísta. Os *Vedas* também ensinam que não existe um deus criador, mas uma alma universal, chamada de BRAHM (no *neutro*), da qual o BRAHMA, nascido do umbigo de Vishnu, com os quatro semblantes e como parte do Trimurti*, é uma mera personificação popular na tão transparente mitologia indiana. Além disso, sua produção do mundo é um ato pecaminoso, exatamente como a encarnação do mundo de Brahm. Assim, como sabemos, o Ormuzd do Zende-avesta é igual ao Ahriman por nascimento, e ambos surgiram do tempo imensurável, do Zervane-akerene (se isso es-

---

* Trindade hindu, composta por Brahma (o que cria), Vishnu (o que conserva) e Shiva (o que destrói); representa as três energias eternas da natureza. (N. da T.)

tiver correto)*. Na mitologia grega e romana, é bem verdade que encontramos dois deuses como pais de outros deuses e, incidentalmente, de pessoas (embora essas originariamente provenham do trabalho de olaria de Prometeu), porém nenhum deus criador. Pois o fato de que, mais tarde, alguns filósofos que passaram a conhecer o judaísmo quisessem transformar o pai Zeus em deus semelhante não preocupou este último; aliás, preocupou tão pouco, que, sem pedir permissão para tanto, DANTE, em seu *Inferno*, quer identificá-lo sem cerimônia ao *Domeneddio*, cuja inaudita sede de vingança e crueldade é celebrada e retratada (por exemplo, c. 14, 70; c. 31, 92). Finalmente, também é totalmente incorreta a informação, repetida inúmeras vezes, de que os selvagens norte-americanos veneravam Deus, o criador do céu e da terra, sob o nome de GRANDE ESPÍRITO e que, portanto, eram teístas. Esse erro foi combatido recentemente por um ensaio sobre os selvagens norte-americanos, que JOHN SCOULER leu numa sessão da Sociedade Etnográfica de Londres, proferida em 1846, e do qual *L'institut, journal des sociétés savantes*, seç. 2, julho de 1847, oferece um resumo. Diz: "Quando, nos relatos sobre as superstições

---

* Zende-avesta: conjunto dos livros sagrados dos antigos persas, atribuídos a Zoroastro (séc. VII a.C.), segundo o qual coexistem dois princípios eternos: Ormuzd, deus da luz e princípio do bem, e Ahriman, deus das trevas e princípio do mal, que é vencido por Ormuzd. Zervane-akerene: princípio supremo da divindade eterna, criador de Ormuzd e Ahriman. (N. da T.)

dos índios, falam-nos dos G<small>RANDES</small> E<small>SPÍRITOS</small>, tendemos a supor que essa expressão designa uma representação que concorda com o que a ela associamos e que sua crença é um T<small>EÍSMO</small> simples e natural. Só que essa interpretação está muito distante da correta. A religião desses índios é, antes, um puro F<small>ETICHISMO</small>, que consiste em recursos mágicos e encantamentos. No relato de T<small>ANNER</small>, que viveu entre eles desde a infância, os detalhes são verídicos e significativos, porém muito diferentes das invenções de certos escritores. Com efeito, a partir dele vê-se que a religião desses índios realmente não passa de um fetichismo, semelhante ao que se encontrava outrora entre os finlandeses e que ainda hoje é encontrado entre os povos siberianos. Entre os índios que vivem a oeste das montanhas, o fetiche consiste simplesmente em qualquer objeto, ao qual se atribuem propriedades misteriosas" etc.

Em conseqüência de tudo isso, a opinião aqui tratada deve, antes, ceder lugar à que lhe é oposta, a saber: a de que um único povo, por certo muito pequeno, insignificante e desprezado, mas destinado a isso, teve puro monoteísmo ou o conhecimento do verdadeiro Deus. E isso não pela filosofia, mas apenas pela revelação, para a qual também é apropriado. Pois, qual valor teria uma revelação que só ensina o que também se poderia saber sem ela? Por conseguinte, o fato de nenhum outro povo ter concebido tal pensamento precisa contribuir para nossa avaliação da revelação.

§ 14
ALGUMAS OBSERVAÇÕES SOBRE MINHA PRÓPRIA FILOSOFIA

Praticamente não há sistema filosófico tão simples e composto de tão poucos elementos como o meu. Por isso, ele pode ser facilmente visto e compreendido com um só olhar. Em última instância, isso se deve à unidade completa e à concordância de seus pensamentos fundamentais, e, de modo geral, é um sinal favorável para sua verdade, que, de fato, é análoga à simplicidade: ἁπλους ὁ της αληθειας λογος εφυ[a] *simplex sigillum veri*[b]. Meu sistema poderia ser descrito como DOGMATISMO IMANENTE, pois, embora suas teses sejam dogmáticas, não vão além do mundo dado na experiência; ao contrário, simplesmente esclarecem O QUE ELE É, decompondo-o em seus últimos componentes. Com efeito, o antigo dogmatismo, derrubado por KANT (e não menos as leviandades dos três sofistas universitários modernos), é TRANSCENDENTE, uma vez que ultrapassa o mundo, a fim de explicá-lo a partir de uma coisa diferente. Ele o torna conseqüência de uma causa, que é deduzida do próprio mundo. Em contrapartida, minha filosofia começou com a proposição de que há causas e conseqüências somente NO mundo e como pressupostos seus, pois o princípio da razão, em seus quatro aspectos, é apenas a forma mais geral do en-

---
[a] O pensamento sobre a verdade exprime-se com simplicidade.

[b] A simplicidade é o selo do verdadeiro.

tendimento, mas só neste último reside o mundo objetivo como o verdadeiro *locus mundi*[a].

Em outros sistemas filosóficos, a coerência se dá ao se deduzir um princípio de outro. Mas, para isso, deve necessariamente existir o verdadeiro conteúdo do sistema já nos primeiros princípios, de modo que o restante, como derivado dele, dificilmente pode mostrar-se diferente, monótono, pobre, vazio e tedioso, pois ele justamente só desenvolve e repete o que já havia sido declarado nos princípios fundamentais. Essa triste conseqüência da dedução demonstrativa é mais perceptível em Christian Wolff; mas até mesmo Espinosa, que seguiu rigorosamente aquele método, não conseguiu evitar por completo sua desvantagem, embora, com seu talento, tivesse sabido compensá-la. Em contrapartida, na maioria das vezes, meus princípios baseiam-se não em cadeias de conclusão, mas diretamente no próprio mundo intuitivo, e a rigorosa coerência existente tanto em meu sistema como em qualquer outro não é, por regra, adquirida por um caminho meramente lógico. Ao contrário, é a concordância natural dos princípios que inevitavelmente resulta do fato de que a todos eles serve de base o mesmo conhecimento intuitivo, isto é, a concepção intuitiva do mesmo objeto, considerado sucessivamente sob vários aspectos e, portanto, do mundo real em todos os seus fenômenos, levando-se em conta a consciência

---

[a] Lugar do mundo.

em que se apresenta. Também por essa razão, nunca precisei preocupar-me com a concordância de meus princípios, nem mesmo quando alguns deles me pareciam incompatíveis, como ocorreu algumas vezes por certo período. Pois, mais tarde, a concordância apareceu automaticamente, à medida que todos os princípios iam se agrupando, uma vez que, para mim, nada mais são do que a concordância da realidade consigo mesma, que, com efeito, nunca pode falhar. Isso é análogo ao fato de que, certas vezes, quando olhamos um edifício pela primeira vez e apenas de um lado, não compreendemos a conexão de suas partes, porém temos certeza de que essa conexão não está faltando e de que se mostrarão tão logo andemos em volta do edifício. Todavia, em virtude de sua originalidade e por estar sob controle constante da experiência, essa espécie de concordância é totalmente segura. Por outro lado, aquela deduzida, que só é produzida pelo silogismo, pode facilmente mostrar-se errônea, tão logo algum membro da longa corrente não seja genuíno, esteja solto ou apresente defeito. Por conseguinte, minha filosofia tem uma ampla base, sobre a qual tudo se apóia diretamente e com segurança, enquanto os outros sistemas se assemelham a torres muito elevadas: se nelas se rompe UMA coluna, tudo desmorona. Tudo o que foi dito aqui pode ser resumido nas seguintes palavras: minha filosofia surgiu e se apresenta no caminho analítico, e não no sintético.

Permito-me mencionar, como característica peculiar de minha filosofia, que, por toda parte, tento EXAMINAR as coisas A FUNDO, não deixando de persegui-las até o último dado real. Isso ocorre em virtude de uma tendência natural, que praticamente me impede de contentar-me com qualquer conhecimento geral e abstrato e, por conseguinte, indeterminado, e com meros conceitos, menos ainda com palavras. Ao contrário, essa tendência me impele ainda mais, até eu ter claramente à frente o último fundamento de todos os conceitos e princípios, que é sempre intuitivo e que tenho de deixar então como fenômeno primário ou, se possível, decompô-lo em seus elementos, em todo caso perseguindo ao máximo a essência da questão. Por essa razão, reconhecer-se-á um dia (naturalmente não enquanto eu viver) que o tratamento do mesmo objeto por algum filósofo anterior parecerá superficial quando comparado ao meu. Por isso, a humanidade aprendeu muitas coisas comigo, das quais nunca se esquecerá, e minhas obras não perecerão.

O teísmo também faz o mundo derivar de uma VONTADE; os planetas são guiados em sua órbita por uma vontade, que igualmente produz uma natureza em sua superfície. Só que o teísmo usa de um expediente infantil para colocar essa vontade do lado de fora e a faz atuar nas coisas somente de modo indireto, ou seja, mediante a intervenção do conhecimento e da matéria, à maneira humana. Em meu sistema, ao contrário, a vontade atua não tanto sobre as coisas como dentro delas; aliás, elas nada mais são do que justamente sua visibilidade. Contudo, vê-se nessa concordância que não somos capazes de conceber o originário de outra forma que não seja como uma VONTADE. O PANTEÍSMO chama de Deus a vontade que atua nas coisas, absurdo que censurei com freqüência e força suficiente. Chamo-o de VONTADE DE VIVER, pois isso expressa a última coisa cognoscível nela. Essa mesma relação entre o caráter mediato e o imediato aparece novamente na moral. Os teístas querem um equilíbrio entre aquilo que alguém faz e aquilo que esse alguém sofre: eu também. No entanto, eles só admitem esse equilíbrio por meio do tempo, de um juiz e de um vingador ou remunerador. Eu, ao contrário, admito-o imediatamente, uma vez que indico no agente e no paciente o mesmo ser. Os PANTEÍSTAS não podem ter uma moral pensada com seriedade, pois, neles, tudo é divino e excelente.

Sofri muitas críticas pelo fato de, ao filosofar, e portanto teoricamente, ter apresentado a vida como dolorosa e nem um pouco desejável. Contudo, quem evidenciar na prática o mais decidido menosprezo pela vida é elogiado e até admirado; e quem se esforça com todo cuidado para conservá-la é desdenhado.

Minhas obras quase não despertaram sequer a atenção de alguns poucos; de modo que, em relação a meus pensamentos fundamentais, já se pôde ouvir falar da disputa por prioridade e mencionou-se que SCHELLING teria dito certa vez: "Querer é o ser primordial", e tudo o mais que se poderia citar nesse gênero. Quanto à questão em si, pode-se dizer que a raiz de minha filosofia já se encontra na kantiana, especialmente na doutrina do caráter empírico e inteligível, mas, de maneira geral, no fato de que sempre que Kant apresenta a coisa com mais detalhes, ela sempre se revela, através de seu véu, como VONTADE. A esse respeito, chamei expressamente a atenção em minha *Crítica da filosofia kantiana* e, por conseguinte, disse que minha filosofia consiste simplesmente em pensar a sua até o fim. Por isso, não se deve estranhar se os filosofemas de FICHTE e SCHELLING, que também partem de KANT, deixam rastros do mesmo pensamento fundamental, embora neles se apresentem sem seqüência, sem conexão nem realização e, destarte, devem ser considerados uma mera prefiguração de minha doutrina. No entanto, no geral, deve-se dizer sobre esse ponto que, antes de toda grande verdade ser descoberta, manifestam-se um pressentimento, uma suspeita, uma imagem imperfeita, como uma névoa, e uma ambição vã de compreendê-la, pois foram justamente os progressos do tempo a prepará-la. Sendo assim, ela é antecipada por sentenças isoladas. Somente aquele que reconheceu uma verdade a partir de suas causas e que refletiu até o fim de suas conseqüências, que desenvolveu todo o seu conteúdo, mediu a extensão de seu campo e, depois, totalmente consciente de seu valor e de sua validade, a expôs com clareza e coerência, é seu autor. Em contrapartida, que em época antiga ou moderna alguém tenha eventualmente expressado essa verdade de maneira semiconsciente e quase como se estivesse dormindo, e, por conseguinte, que ela possa ser encontrada sempre que procurada não significa, embora ela também exista *totidem verbis*[a], muito mais do que se fosse *totidem litteris*[b]. Do mesmo modo, quem encontra uma coisa é apenas aquele que, ao reconhecer seu valor, a colhe e a conserva, e não aquele que a toma ocasionalmente em mãos e a deixa cair de novo. Ou, como Colombo, que foi o descobridor da América, mas não o primeiro náufrago que as ondas lançaram até lá. Esse é justamente o sentido da sentença de Donato, *pereant qui ante nos nostra dixerunt*[c]. A esse respeito, por fim, que ainda me seja permitido recordar outra passagem de HELVÉCIO, cuja citação, porém, peço ao leitor que não interprete como vaidade ou soberba de minha parte, mas que simplesmente não perca de vista a retidão do pensamento nela expresso, deixando de lado se algo contido nele pode ou não encontrar aplicação em mim: *Quiconque se plaît à considérer l'esprit humain voit, dans chaque siècle, cinq ou six hommes d'esprit tourner autour de la découverte que fait l'homme de génie. Si l'honneur en reste à ce dernier, c'est que cette découverte est, entre ses mains, plus féconde que dans les mains de tout autre; c'est qu'il rend ses idées avec plus de force et de netteté; et qu'enfin on voit toujours à la manière différente, dont*

---

[a] Com tantas palavras.

[b] Com tantas letras.

[c] Pereçam os que, antes de nós, disseram o que tínhamos a dizer.

les hommes tirent parti d'un principe ou d'une découverte, à qui ce principe ou cette découverte appartient* (*De l'esprit*, IV, 1).

Em conseqüência da antiga e irreconciliável guerra, que sempre e por toda parte é conduzida pela incapacidade e pela estultícia contra o espírito e o entendimento – aquelas representadas por legiões; estes, pelos indivíduos –, cada um que produza algo genuíno e de valor tem de passar por uma árdua luta contra a incompreensão, a estupidez, o gosto corrompido, os interesses particulares e a inveja, todos em digna aliança, ou seja, naquela de que diz CHAMFORT: *En examinant la ligue des sots contre les gens d'esprit, on croirait voir une conjuration de valets pour écarter les maîtres***. No entanto, para mim, ainda era preciso acrescentar um inimigo incomum: uma grande parte daqueles que, em meu ramo, tinham autoridade e ocasião para conduzir o julgamento

....

* Quem se compraz em considerar o espírito humano vê, em cada século, cinco ou seis homens de espírito girar em torno da descoberta feita por um homem de gênio. Se a este último cabe a honra é porque tal descoberta é, entre suas mãos, mais fecunda do que nas mãos de qualquer outro; é porque ele expressa suas idéias com mais força e clareza; e, por fim, porque sempre vemos, na maneira diferente com que os homens tiram vantagem de um princípio ou de uma descoberta, a quem esse princípio ou essa descoberta pertence. (N. da T.)

** Ao examinar a liga dos estultos contra os homens de espírito, poderíamos acreditar estar vendo uma conjuração de criados para afastar seus senhores. (N. da T.)

do público estava consolidada e era paga para propagar, elogiar e até alçar aos céus o pior de tudo, o HEGELIANISMO. Todavia, isso não pode dar certo se, ao mesmo tempo, quisermos fazer valer o que é bom, ainda que apenas até certo ponto. Isso explica ao futuro leitor o fato que, do contrário, lhe seria enigmático, de eu ter permanecido tão estranho a meus próprios contemporâneos quanto o homem na lua. Contudo, um sistema ideológico que, mesmo carecendo de toda participação dos demais, é capaz de ocupar seu autor durante uma longa vida, de maneira incessante e intensa, e de estimulá-lo a um trabalho contínuo e sem recompensas dispõe aqui justamente de um testemunho de seu valor e de sua verdade. Sem nenhum alento externo, somente o amor por minha questão sustentou meu esforço e não deixou que eu me sentisse cansado durante tantos dias de minha vida. Com desprezo vejo a ruidosa glória do ruim. Pois, ao entrar na vida, meu gênio ofereceu-me a escolha ou de reconhecer a verdade, mas com ela não agradar a ninguém, ou de então com os outros ensinar o que é errôneo, sob aplausos e adesão. Para mim, essa escolha não foi difícil. Por conseguinte, o destino de minha filosofia tornou-se tão contrário àquele que possuía hegelianismo, que podemos considerar ambos como o reverso da mesma folha, segundo a natureza de ambas as filosofias. O hegelianismo, sem verdade, nem clareza, nem espírito e até mesmo sem senso comum e, além disso, apresentando-se na roupagem do mais repugnante galimatias que já se ouviu, tornou-se uma filosofia de cátedra, outorgada e privilegiada e, por conseguinte, um absurdo que alimentou seu criador. Na verdade, minha filosofia, que apareceu ao mesmo tempo que aquela, tinha todas as características que à outra faltavam, só que não era talhada para objetivos superiores e tampouco absolutamente apropriada para a cátedra nas circunstâncias da época, e, portanto, como se costuma dizer, nada se podia fazer com ela. Seguiu-se, então, como o dia segue a noite, que o hegelianismo tornou-se a bandeira à qual tudo aflui, ao passo que minha filosofia não encontrou nem aplausos, nem adeptos. Ao contrário, foi ignorada e encoberta de modo unânime e intencional, e, quando possível, sufocada, pois, com sua presença, aquele jogo considerável teria sido interrompido, como o jogo de sombras na parede com a incidência da luz do dia. Sendo assim, tornei-me a máscara de ferro ou, como diz o nobre DORGUTH, o Kaspar Hauser dos professores de filosofia: privado de ar e de luz, para que ninguém me visse e para que minhas reivindicações inatas não pudessem alcançar importância.